韓国財閥と政治

── 大宇を事例として ──

木下 奈津紀 著

成文堂

はしがき

　本書は，1999年に解体された大宇グループ（Daewoo Group）を取り上げ，韓国財閥（Korean Chaebol）を政治の視点から研究したものである。

　韓国の「漢江の奇跡」と呼ばれた韓国の急速な経済発展の立役者が韓国財閥であることは広く知られている。そして，現在でも，国内外問わず多くの韓国財閥企業が活躍している。その一方で韓国財閥は，韓国社会で多くの問題を引き起こしている。

　2016年10月に表面化した「朴槿恵（Park Geun-hye）政府の崔順実（Choi Sun-sil）などの民間人による国政壟断疑惑事件」，いわゆる「崔順実ゲート事件」は，韓国国内外に衝撃を与えた。同事件では，当時大統領であった朴槿恵の知人である崔順実の国政介入が明らかになった他，三星グループ（Samsung Group），ロッテグループなど複数の財閥が朴槿恵元大統領と崔順実に対して賄賂を提供していたことが明らかになった。韓国屈指の財閥である三星グループ（以下，三星）については，李健熙（Lee Kun-Hee）会長から李在鎔（Lee Jae-yong）副会長への経営権の継承に不可欠とされた三星物産（Samsung C & T Corporation）と第一毛織（Cheil Industries Inc.）の合併において，朴槿恵元大統領から便宜を受ける見返りに，崔順実の娘の乗馬支援などとして賄賂を贈ったとされた。当時，韓国国内では「政経癒着だ」として政府と財閥に対して批判が噴出した。

　こうした韓国における政経癒着の構造は，建国以降，韓国が経済発展を遂げるなかで構築され，今日まで継続してきたものである。

　韓国財閥に関する研究は，これまでにも，韓国国内外問わず行われてきた。従来の大多数の研究は経営史・経済史の視点からのものであり，それらの研究ではこうした「財閥と政治」の癒着について，言及されてはきたが，その関係について，詳細な分析はされてこなかった。

　しかし，全斗煥（Chun Doo-hwan）政権時代には全斗煥大統領との関係が悪

化した国際グループ（Kukje Group）が全斗煥大統領によって解体に追い込まれたことや，総帥が大統領選挙に出馬し，その後成立した金泳三（Kim Young-sam）政権から報復措置を受けた現代グループ（Hyundai Group）などの例を見ても，韓国財閥の企業活動に時の政権との関係性が影響を与えていたといえるだろう。したがって，韓国財閥への理解を深めるために，韓国財閥を政治の視点から改めて分析し，考察する作業は非常に重要であると考える。

　本書で取り上げる大宇グループ（以下，大宇）は「財閥と政治」を考えるうえで重要な財閥である。大宇は，朴正煕（Park Chung-hee）政権下で形成された，後発のいわゆる「新興財閥」であり，短期間で大財閥へと成長を遂げた。大宇の企業活動は国内外で注目を浴び，その急成長ぶりは「大宇神話」と呼ばれた。1989年に出版された大宇の総帥金宇中（Kim Woo-choong）の著書『세계는 넓고 할 일은 많다（世界は広くやることは多い）』（キムヨン社，1989年）は100万部をこえるベストセラーとなったし，日本でも著書『未来は君の手の中に 若い人たちに』（プレジデント社，1990年）が出版されるほど注目されていた。

　資本金わずか500万ウォンで創業し，資金力もなく，経営基盤が弱かった大宇が多角的な事業展開を行うためには，政府の経済政策に沿った経営方針をとる必要があった。そのため，韓国財閥のなかでも政治との距離が近い財閥であった。大宇は，政府の政策を利用する一方で，時には政府に利用されながら企業活動を行い，資産規模で韓国第2位まで巨大化した。しかし，1999年に経営難に陥り解体されることとなった。大宇の解体については，金宇中の行き過ぎた経営拡大路線によるものとされる傾向にあるが，金宇中は同グループの解体は政治的な判断により意図的に行われたものだと主張している。

　本書では，この大宇を通じて，韓国における「財閥と政治」の関係性を明らかにする。そして，ここで得られた知見が韓国財閥の解明に多少なりとも寄与するものとなればと考える。

　本研究をまとめるにあたり，多くの方々にご助力いただいた。心より感謝

申し上げたい。まず，本書は博士論文『韓国における軍事政権と財閥：「新興財閥」大宇を事例として』（愛知淑徳大学，2017年）に加筆し，まとめたものである。博士前期課程在学中より指導教授としてご指導くださった西尾林太郎先生（現愛知淑徳大学名誉教授）には，言葉では表しきれないほど大変お世話になった。ここに感謝の意を表したい。そして博士論文の審査員を務めてくださった石田好江先生（現愛知淑徳大学名誉教授），真田幸光先生（現愛知淑徳大学ビジネス学部教授）にも，博士前期課程在学中より，ご指導をいただいた。特に，韓国経済に精通している真田幸光先生からは韓国の経済に関するレクチャーを受け，研究活動においても多くのアドバイスをいただいた。そして，韓国財閥研究の第一人者である柳町功先生（現慶應義塾大学総合政策学部教授）にも，大変お世話になった。博士論文の審査の際には，名古屋まで駆けつけてくださり，本研究に対して，的確なご指摘や多数のアドバイスをくださった。以上の先生方にここで改めて感謝申し上げたい。

　そして，本書の執筆には，大韓民国国家記録院での資料収集が非常に重要であった。同記録院での資料検索や閲覧にあたって，職員の方々に大変お世話になった。ここに記して謝意を表したい。

　最後に，本研究をまとめるにあたって，韓国人である夫，そして夫の家族には，韓国滞在中，いろいろと手助けをしてもらった。家族のサポートがあったからこそ，研究活動を円滑に進めることができた。家族にもここで改めてお礼を述べたい。

　また，出版をお引き受けいただいた成文堂の皆様，とりわけ担当編集者の小林等さんにはお世話になった。そして本書の組版をはじめ本書作成に携わっていただいた方々にもお礼を申し上げたい。

　　本書は愛知淑徳大学出版助成（20SP04）（2020年度）を受けて刊行したものである。ここに記して大学関係者の皆様に謝意を表したい。

　2021年7月7日

木下奈津紀

目　次

初出一覧

　本書は愛知淑徳大学に提出した博士学位論文『韓国における軍事政権と財閥：「新興財閥」大宇を事例として』（愛知淑徳大学，2017年）を基礎として，加筆修正したものである。なお，本書の初出は以下のとおりである。

第1章

　「韓国大宇財閥『玉浦造船所』引受けに見る政府と財閥の関係」（『愛知淑徳大学現代社会研究科研究報告』第6号，愛知淑徳大学現代社会研究科，2011年，pp. 69-82）。

　「韓国における『新興財閥』の形成とその展開：栗山財閥を事例として」（『愛知淑徳大学論集―交流文化学部篇』第10号，愛知淑徳大学交流文化学部，2020年，pp. 89-96）。

第2章

　「韓国における政府と財閥の関係：二政権の重化学投資調整を事例として」（『愛知淑徳大学現代社会研究科研究報告』第10号，愛知淑徳大学現代社会研究科，2014年，pp. 95-103）。

第3章

　「盧泰愚政権下における政府と財閥の関係：『大宇造正常化方案』を事例として」（『愛知淑徳大学現代社会研究科研究報告』第7号，愛知淑徳大学現代社会研究科，2011年 pp. 107-121）。

　「『北方政策』に見る1980年代の韓国における政府と財閥の関係：『北方政策』で財閥が果たした役割」（『愛知淑徳大学現代社会研究科研究報告』第8号，愛知淑徳大学現代社会研究科，2012年，pp.47-56）。

　「韓国の共産圏諸国との関係改善における非公式チャネル―ハンガリーを事例として―」（『日本法政学会法政論叢』第50巻第2号，日本法政学会，2014年，pp. 92-104）。

　「1980年代における韓国財閥の政治史的考察―大宇財閥のハンガリーとの経済交流を事例として―」"Journal of International Culture" Vol. 8-2，2015年，pp. 83-99）。

　「金泳三政権下における韓国財閥：大宇を事例として」（『愛知淑徳大学論集―交流文化学部篇』第11号，愛知淑徳大学交流文化学部，2021年，pp. 109-116）。

序章　問題と視角

第1節　問題の所在

第1項　韓国財閥を政治の視点から研究をする意義

　本書は，韓国財閥を政治の視点から考察することを目的としている。「漢江の奇跡」と呼ばれた韓国の経済発展の立役者が韓国財閥であることは広く知られている。建国以降，韓国では政府と財閥が半ば一体となって経済発展を遂げてきた。両者の関係は「癒着」と表現され，政府と財閥の「癒着」は，国民からの批判を浴びながらも断ち切られることがないまま現在に至っている。2016年に明るみとなった「朴槿恵政府の崔順実などの民間人による国政壟断疑惑事件」[(1)]に関連した韓国財閥の贈収賄問題は記憶に新しく，現在でも，韓国において政府と財閥との「癒着」が継続して存在していることは明らかである。

　政治との距離が近い韓国財閥の企業活動には，時の政権との関係が少なからず影響してきた。例えば，1985年には全斗煥政権によって国際グループ（以下，国際）が意図的に解体されたし，金泳三政権下では，大統領選挙に出馬した現代グループ（以下，現代）の総帥鄭周永（Chung Ju-yung）への報復として，現代への金融制裁などが行われた。また，本書で取り上げる大宇についても，大宇の総帥金宇中は，1999年の同グループの解体は政権の政治的な判断で，意図的に行われたものだと主張している。以上はほんの一例であるが，韓国財閥の企業活動には少なからず政治が影響を与えてきた。韓国財閥の研究には，政治という視点からの研究，すなわち政治史的研究が不可欠であるといえる。

　韓国財閥に関する研究は，これまでに数多く行われてきた。例えば，チェ・ジョンピョ『한국재벌사연구（韓国財閥史研究）』（図書出版ヘナム，2014年），鄭章淵『韓国財閥史の研究　分断体制資本主義と韓国財閥』（日本経済評論社，2007年），Heitor Almeida, Sang Yong Park, Marti G. Subrahmanyam, Daniel Wolfenzon 'The structure and formation of business groups: Evidence from Korean chaebol' ('Journal of Financial Economics, Volume 99, Issue 2, Elsevier, 2011) などは，韓国財閥の形成とその展開を経営史・経済史の視点から分析したものである。韓国財閥を分析する際，経営史・経済史の視点からの分析は不可欠である。だが，経営史・経済史の視点からの研究では，政治的要素が極小化されて韓国財閥が論じられる傾向にある。先にも述べたように，韓国財閥の研究には，政治という視点からの研究が不可欠であり，本書では韓国財閥を政治の視点から考察する。

　次の表‐1は，韓国財閥の成立とその展開について歴代の政権と対照させたものであるが，本書では形成期Ⅱから成熟期を取り上げる。

　形成期Ⅱ・発展期である朴正煕政権下における韓国財閥の形成と発展はこれまでにも注目され，その分析が行われてきた。しかし，これらの研究では政治権力との癒着のなかで特恵的機会を獲得しえたというように，政府と財閥との「癒着」があったという固定概念のもと，両者の関係を明らかにしよ

表‐1　韓国財閥の時期区分と歴代の政権

時期区分	政権
（形成期Ⅰ）開放～1950年代末 ↓ （形成期Ⅱ）1960年代 ↓ （発展期）1970年代 ↓ （成熟期）1980年代 ↓ ↓ ↓	・李承晩政権（1948年～1960年） ・尹潽善政権（1960年～1962年） ・朴正煕国家再建最高会議議長による軍政（1961年～1963年） ・朴正煕政権（1963年～1979年） ・崔圭夏国務総理による大統領権限臨時代行と崔圭夏政権（1979年～1980年） ・朴忠勲による大統領権限臨時代行（1980年） ・全斗煥政権（1980年～1988年） ・盧泰愚政権（1988年～1993年）

出典：柳町功「韓国における近代的事業基盤の形成・発展の歴史的展開：韓国財閥への基本的視角の設定」（『三田商学研究』第32号3巻，慶應義塾大学商学会，1989年），鄭章淵『韓国財閥史の研究　分断体制資本主義と韓国財閥』（日本経済評論社，2007年，pp. 5-9）などを参考に作成。

うとはされてこなかった。成熟期にあたる全斗煥政権，盧泰愚（Roh Tae-woo）政権も同様である。そこで，本書では政府と財閥の「癒着」という固定概念を超えて，1961年の朴正煕国家再建最高会議副議長（1961年7月3日以降議長）による政治権力の掌握以降，朴正煕政権，全斗煥政権と二つの軍事政権，そして軍人出身の盧泰愚政権と広く3人の軍人（元軍人）を大統領とする政権と財閥との関係を明らかにしようと考える。

　そのケーススタディとして，後発の「新興財閥」大宇を取り上げる。朴正煕政権下で台頭した後発のいわゆる「新興財閥」は，朴正煕政権の経済政策に乗り，短期間で急成長を遂げた。経営基盤が弱く，資金に乏しい「新興財閥」は，時の政権の政策をうまく利用して，成長を遂げたのである。その過程で，政府との距離が近く，韓国財閥の中でもより政治の影響を受けやすかった。そのため，「新興財閥」を政治の視点から考察することは，韓国財閥と政府の関係をより明らかにできると考える。

第2項　大宇グループを取り上げる意義

　本書で取り上げる大宇の源流は，朴正煕政権下の1967年に金宇中が自身の出身校である京畿高校出身者や漢城実業で勤務していた際の同僚等5人と資本金500万ウォンで設立した大宇実業にある。三星など既に李承晩（Rhee Syng-man）政権時代より経営基盤を築いていた財閥に比べて創業開始が遅く，後発のいわゆる「新興財閥」であった。朴正煕政権下では，大宇のように多くの「新興財閥」が形成されたが，経営基盤が脆く，そのほとんどが短期間で破綻していった。そのような中で，韓国経済を牽引する大財閥となったのが大宇であった。

　金宇中は，大宇実業設立後，アメリカや東南アジアなどへの繊維の輸出に成功し，多額の資金を得ることができた。そして，その後朴正煕政権から経営破綻に瀕した「不実企業」といわれる企業の経営権を多数引受けて，金融支援を引き出し，多角的な事業展開に成功して巨大財閥の仲間入りを果たすことができた。つまりは，大宇は「不実企業」の経営権を引受けることで，

事業の多角化に成功したのであった。金宇中が，朴正熙政権より多数の「不実企業」の経営権を引受けることができた理由を先行研究では，朴正熙大統領と金宇中との個人的な縁関係によって説明するものがほとんどであった。例えば，谷光太郎「韓国大手財閥の成立，破綻とその原因—大宇，現代両グループのケーススタディ—」（『東亞經濟研究第』第59巻4号，山口大学経済学部，2001年）では「金宇中は朴正熙大統領の家族の家庭教師をしていた縁を最大限に利用して多額の新規融資を条件に政府からの多数の不良企業（「不実企業」）の引受けを行い，また輸出支援策をとる政府の各種特恵を受け，これが急成長の原因となった」（p. 559）と述べ，大宇の急成長の要因を金宇中と朴正熙大統領との個人的な「縁」によるものであるとしている。韓国においてもそのような主張が一般的である。例えば，チェ・ジョンピョ『한국재벌사연구（韓国財閥史研究）』（ヘナム図書出版，2014年）では，「金宇中が不実企業の引受けの過程で政府から多くの特恵を受けた理由を朴正熙大統領との個人的な関係に求める学者が多い。金宇中の父親が朴正熙の大邱師範の恩師だった関係で金宇中は朴正熙の特別な配慮を受けたとの主張が多い」（p. 154）としている。

　韓国では「縁」という人間関係は，確かに社会のあらゆる領域で非常に重要であり，こうした視点からの財閥の分析も必要である。大宇を考察する際，朴正熙との特別な「縁」関係があったとの先入観から，大宇が朴正熙政権の恩恵ばかりを受けてきたと捉えられる傾向にあるが，同政権の恩恵ばかりを受けてきたわけではなかった。時には望まざる「不実企業」の経営権を半ば強引に引受けさせられ，その「不実企業」の負債が，グループの経営に大きな影響を及ぼすこともあった。「買収王」と呼ばれた金宇中であったが，その買収は必ずしも自身が望んだものではなく，時の政権の意思によるものもあり，しばしば大宇の企業活動に悪影響を与えた。

　そして，全斗煥政権，盧泰愚政権下では，金宇中は共産圏諸国との経済交流を積極的に進め，韓国の対共産圏外交にも大きく貢献した。この時期は，韓国財閥が政治の領域にまで進出した時期でもあるといえる。大宇は，1980

年代に中核企業である大宇造船工業 (Daewoo Ship-building & Heavy Machinery) の経営状態が経営破綻寸前まで悪化し，グループの存続も危ぶまれるほどであったが，大宇が対共産圏外交の非公式チャネルで活躍したことで，政府からの金融支援を引き出し，経営破綻を回避することができた。

　「癒着」と一言でいっても，そこには韓国財閥と政府，両者の利害関係が存在し，互いが利用し合いながら成長してきた。特に，大宇は後発の財閥であり政治と近い距離にあったことから，その創業から解体まで政治に翻弄されてきた側面が強い財閥である。大宇を政治史の視点から再考察することは，軍事政権期及び元軍人による政権期における韓国財閥の政治的側面の解明を可能とするであろう。

第3項　大宇造船工業を取り上げる意義

　本書では，大宇の中核企業であった大宇造船工業 (以下，大宇造船) を取り上げ，同企業の設立からその展開を追うことで，大宇と政府の関係性を明らかにしていく。大宇造船は，金宇中が朴正熙政権から大韓造船公社株式会社 (以下，大韓造船公社㈱) 所有の玉浦造船所 (Okpo Shipyard) の経営を引受けて設立した企業である。大韓造船公社㈱とは，1937年に設立された朝鮮重工業がその源流であり，朝鮮戦争後，1962年6月に大韓造船公社法 (法律第1064号) に基づき商号が変更され，大韓造船公社となった。その後，1968年に朴正熙政権の「不実企業整理事業」により，大韓造船公社は，民間企業へとその経営権が引き渡されたことにより大韓造船公社㈱となった。大韓造船公社㈱の民営化の過程については，第1章で詳しく述べることとするが，この大韓造船公社㈱が建設をしていた玉浦造船所の経営を金宇中が引受けて，大宇造船を設立したのであった。そして，この大宇造船の経営は，まさに政治の影響を受けていた。

　金宇中は，朴正熙政権より玉浦造船所の経営権を引受けて造船業界へと進出した。そのため，先行研究では大宇の玉浦造船所の経営権の引受けも大宇の買収作戦の一つとして位置づけられる傾向にある。だが，実際には玉浦造

船所の経営権の引渡しを巡る政策決定の過程では，政府と財閥，財閥同士の駆け引きが行われ，経営上リスクが高い同造船所の経営権の引受け手が見つからず，「新興財閥」であった大宇が最終的には押し付けられた形となったのだ。

このように，これまで政府と財閥との癒着関係を念頭に置き，詳細に分析されてこなかった一つの「不実企業」の経営権の引渡しの過程を分析すると，個人的な「縁」関係による分析だけでは不十分であることがわかる。政府側は政策遂行のために，財閥側は経営戦略のために，この「不実企業」の経営権を利用したのであった。そして，その「不実企業」の経営権の引受けを巡り，政府と財閥間の駆け引きだけではなく，財閥相互の対立もあった。単なる「縁」による決定ではなかったのである。つまりは，一つの「不実企業」の経営権の引渡しの過程を「縁」というフィルターを通してではなく，財閥や政府をはじめいくつかのプレイヤーの相互作用であったとの視点から分析することが，朴正煕政権時代の韓国財閥と政府の関係の一端の解明につながる作業であるといえる。

そして，朴正煕政権が大統領の暗殺という形で突如として崩壊したことが，大宇造船の経営を左右することとなった。玉浦造船所の経営権を引受けることが決定した際，政府は大宇への支援を約束していた。だが，全斗煥への政権交代以降，その支援の一部が行われないまま，大宇造船の経営状態は悪化して行った。つまりは，政権の交代が財閥の企業活動にも大きな影響を与えたのである。そこで，本書では全斗煥政権下における大宇造船の経営状態の悪化の要因を明らかにすることを試みた。大宇造船の経営状態の悪化の要因を考察することで，突如として起きた政権交代が，大宇造船の経営に与えた影響を明らかにしたい。

そして，全斗煥政権から盧泰愚政権に政権交代がなされた後，大宇造船の経営は経営破綻寸前に陥った。そして，金宇中は政府に対して，大宇造船への金融支援を要請した。当時，盧泰愚は民主化を掲げて政権を握ったばかりであり，特定の企業，そして財閥への特恵支援だとも捉えかねられない同企

業への金融支援を拒否する姿勢を見せた。だが，それは表向きであり，政府
は水面下で同企業への支援を巡る議論を開始した。そして，最終的には大宇
造船への支援が行われることとなった。世論や他の財閥からの批判を無視し
てまでも同企業への金融支援を遂行した理由の一つとして，本書では，政府
が進めていた対共産圏外交との関係を指摘したい。

　韓国の対共産圏外交は朴正煕政権時代から行われてきた。そして，全斗煥
政権下でも対共産圏外交は重要政策の一つとして進められた。1988年オリン
ピック（以下，ソウルオリンピック）のソウルでの開催が決定したこともあり，
共産圏諸国のソウルオリンピックへの参加，そしてそれを契機とした外交関
係構築を同政権は目指した。

　だが，当時は国際社会が冷戦下にあり，反共を国是とする韓国が共産圏諸
国と公式的に接近することは容易ではなかった。そこで，全斗煥は外交関係
樹立の前段階として共産圏諸国との交易拡大が望ましいとして，共産圏諸国
との交易拡大を図った。そして，その際に活躍したのが韓国財閥であった。

　そして，韓国が最初に国交を樹立した国はハンガリーであったが，そのハ
ンガリーとの経済交流で重要な役割を果たした人物の1人が大宇の金宇中で
あった。韓国とハンガリーとの外交関係構築に関する先行研究には，外交通
商部外交安保研究院編『한국외교의 도약 : 소련・동구권 국가와의 수교（韓
国外交の跳躍：ソ連・東欧圏国家との修交）』（外交通商部外交安保研究院，2003年）
や，キム・ボグ『헝가리의 체제전환시기까지 한국과 헝가리의 교류에 관한
연구 : 한국과 헝가리의 외교문서를 중심으로 한국 – 북한 – 헝가리의 관계
고찰（ハンガリーの体制転換時期までの韓国とハンガリーの交流に関する研究：韓国とハ
ンガリーの外交文書を中心に韓国―北朝鮮―ハンガリーの関係考察）』（韓国外国語大学校
国際社会教育院東ヨーロッパバルカン研究所，2015年）などがある。だが，これら
の研究では1980年代前半から行われていた非公式チャネルでの経済交流に関
する分析は行われておらず，両国の経済交流が公式に行われるようになった
1980年代後半の分析しか行われてこなかった。また，韓国財閥に関する先行
研究でも，1980年代におけるこうした分析は行われていない。1980年代前

半，金宇中や大韓商工会議所（The Korean Chamber of Commerce & Industry）が中心となり，ハンガリーとの経済関係構築を進めたことで，公式に経済交流が行われるようになってからも金宇中は同国との経済交流の重要人物の1人となった。これについては，盧泰愚政権の「北方政策」の重要人物の1人であった朴哲彦（Park Cul-un）が回顧録『바른 역사를 위한 증언1（正しい歴史のための証言1）』（ランダムハウス中央，2005年）で「特に対北政策と共産圏問題を扱った私としては歴史的なハンガリーとの修交過程と前向きな対北政策など，私が心血を傾けていた北方政策の実践過程で直・間接的に手助けをしてくれたと記憶している」（p. 310）と金宇中について述べており，金宇中がハンガリーとの外交関係の構築において，重要人物であったことがわかる。

　そして，ちょうど韓国とハンガリーとの国交樹立が果たされようとしていた頃，大宇造船の経営破綻問題が深刻化した。大宇はハンガリーへの大規模な投資を約束しており，ハンガリーにとって，大宇のこの大規模な投資は経済関係構築において重要であり，ハンガリー側もこうした大宇の状況を不安視していた。後に盧泰愚大統領が回顧録でも述べているが，韓国にとってハンガリーとの国交樹立はその他の共産圏諸国との国交樹立の突破口であった。したがって，ハンガリーとの国交樹立を成功させなければならなかった。こうした背景から，政府は大宇造船の経営破綻問題を早急に解決して，大宇のハンガリーへの大規模な投資を遂行させなければならなかった。

　このように，大宇造船は，軍事政権及び元軍人による政権下でまさに政治に翻弄されてきた企業である。そのため，大宇の中核企業である同社の企業行動を政治史の視点から分析することは，軍事政権時代及び元軍人による政権時代の韓国財閥と政治の関係の解明に少なからず寄与するのではないかと考える。

第2節　本書の構成について

　本書は，第1章　第2章　第3章という構成となっている。

　第1章では，朴正煕政権の政策の特徴の一つである「不実企業」の経営権の引き渡し過程を分析し，韓国財閥と政府との関係性を明らかにすること目的として，大宇による大韓造船公社㈱所有の玉浦造船所の経営権の引受け過程を明らかにする。大宇に関しては，先述のように金宇中と朴正煕大統領との個人的な「縁」すなわち縁故を念頭に置くという偏った固定概念があること，そして大宇が多くの「不実企業」の経営権を引受けて，その事業を拡大させたということから，大宇が戦略的に「不実企業」の経営権を引受けていたと考えられる傾向にあったからであり，この大宇による玉浦造船所の経営権の引受け過程は，先行研究では注目されてこなかった。だが，玉浦造船所の経営権の引受けに関しては，当時の大宇は多数の「不実企業」の経営権を引受けて多額の資金を必要としていたため，同造船所の経営権を引受けることが出来ないとして拒否をしたにもかかわらず，朴正煕大統領に半ば強引に引受けさせられたというものであった。

　鄭章淵『韓国財閥史の研究　分断体制資本主義と韓国財閥』（日本経済評論社，2007年）では，大宇による「不実企業」の買収の最も象徴的な事例として，玉浦造船所を取り上げている。そして，その経営権の引受けの際に提示した条件についても，「大宇が破格の条件を提示した」と述べ，「政府による特恵付与の極みもここに目撃した思いがすると言えば言いすぎだろうか」（p. 165，166）と述べている。また，高廣明「韓国『財閥』の成長戦略に関する研究：大宇グループ成長の実証分析」（東京経済大学博士論文，1998年）では，玉浦造船所の経営権の引受けは「当時金宇中は玉浦造船所を引受ける条件として，①造船所建設費全額を国家が支援すること，②造船所の補完的機能を最大化するために国際的規模の大単位総合機械工業団地として育成すること，などを資金とともに特恵として要求した。結局政府は引受けの意思を表した現代，三星，大宇の三社のなかで大宇の提案を選択した」（p. 154）としており，その引受け過程に関する論述は見られない。

　このように，大宇の玉浦造船所の経営権の引受けの過程は，関連する論文ではほとんど注目されなかった。そのような中で，石崎菜生「韓国の重化学

工業化政策と『財閥』─朴正熙政権期の造船産業を事例として─」(『アジア経済研究双書 (508) 発展途上国の国家と経済』第1章, アジア経済研究所, 2000年) では, 玉浦造船所の経営権の引受けが, 韓国政府により半ば強引に行われたと, 本書と同じ視点からの分析が行われている。だが, 同研究ではその詳細は分析されていない。また, 百成政秀「韓国の政府─財閥間関係の制度分析：大字グループに焦点を当てて」(神戸大学博士論文, 2008年) は「政府は, 新たな事業主体の選定を急いだが三星, 現代, ラッキー金星 (LG) 等, 各財閥はそれぞれの事情等により最終合意には至らなかった」(p. 112) とし, 本書と同じ視点からの分析が行われているが, その事例として「例えば, 三星については, 政府が当初, 巨済造船所を建設している三星に対して, 同じ巨済島に位置する玉浦造船所を引き受けて欲しいと注文したが, 三星は㈱大韓造船公社の釜山造船所を一括して引き受けられるようにしてくれるならば, 受託しようという条件を掲げたために失敗におわった」(p. 112) と, 三星の事例のみにとどまっている。

　そこで, 第1章では, 大字の玉浦造船所の引受けの過程を分析することで, 朴正熙政権時代における韓国財閥, 特に大字と政府とのかかわりを明らかにしたい。

　次に, 第2章では, 大字が玉浦造船所の経営権を引受けて創設した大字造船の経営状態悪化の要因を分析し, 同企業の経営状態悪化の一因として, 政権の交代とそれに伴う政策の転換が影響していたことを明らかにする。

　これに関する先行研究には, 韓仁燮「韓國의産業化過程에 있어서國家役割　變化에關한研究─大字造船　正常化方案을中心으로─ (韓国の産業化過程における国家の役割変化に関する研究─大字造船正常化方案を中心に─)」(『ソウル大学校　行政大学院1991年度行政修士学位論文』ソウル大学大学院, 1991年) がある。同研究は, 大字造船の経営状態の悪化の要因の分析と, 大字造船の正常化に関する方針案について「韓国政府」,「韓国産業銀行 (Korean Development Bank)」の立場からそれぞれ述べている。

　まず, 大字造船の経営状態の悪化の要因に関しては, 大字造船の経営状態

悪化の要因が「経済的要因」,「政治的要因」,「負債規模の限界と金融費用の過重」,「労働争議」であることが明らかにされている。これらは同企業の経営状態の悪化の要因としては重要な指摘ではあるが,使用されている資料が大宇造船株式会社『대우조선 성장과정（大宇造船成長過程）』(1989年) と新聞記事がほとんどである。政府側の資料は用いられておらず,その分析の厳密さに欠ける。

　そして,同研究の後半では大宇造船正常化に関する方針案である「大宇造船正常化方針」に関する分析が行われている。特に,その方針の議論の過程に関しては『韓国経済新聞』及び,『大宇造船正常化方案에 대한　意見（大宇造船正常化方針に対する意見）』(1989年) に頼る部分が大きく,肝心な政府内で行われた同企業の支援を巡る議論の内味は具体的に明らかにされていない。

　そこで,本書では韓国の重要記録物管理機関である国家記録院が所蔵する政府資料をできる限り使って,この課題に取り組みたい。

　最後に第3章では,経営破綻寸前にまで経営状態が悪化した大宇造船の金融支援を巡る韓国政府の政策決定の過程を明らかにすると共に,盧泰愚政権の重要政策の一つであった対共産圏外交との関連についての分析を試みる。

　韓国の対共産圏外交については,近年盧泰愚政権時代の対共産圏外交,所謂「北方政策」の研究が進められている。先にも述べたが本書に関係する韓国とハンガリーとの外交関係構築の先行研究について,日本国内ではその詳細な研究は行われていない。韓国では,外交通商部外交安保研究院編『韓国外交の跳躍：ソ連・東欧圏国家との修交（한국외교의 도약：소련・동구권 국가와의 수교）』(外交通商部外交安保研究院, 2003年) や,キム・ボグ『ハンガリーの体制転換時期まで韓国とハンガリーの交流に関する研究：韓国とハンガリーの外交文書を中心に韓国─北朝鮮─ハンガリーの関係考察（형가리의 체제전환 시기까지 한국과 형가리의 교류에 관한 연구：한국과 형가리의 외교문서를 중심으로 한국－북한－형가리의 관계 고찰）』(韓国外国語大学校国際社会教育院東ヨーロッパバルカン研究所, 2015年) などがある。同研究では,韓国とハンガリーとの外交関係の構築についての詳細な分析が行われているが,韓国とハンガリーとの外交

関係構築の前段階として重要であった経済関係構築に関する記述は見られない。また，今日大半の韓国とハンガリーとの外交関係樹立の研究では，財閥をはじめとした民間による経済交流は全く取りあげられず，それは外交とは全く切り離されて考えられている。だが，国際社会が冷戦下にある中で，韓国の対共産圏外交には韓国財閥をはじめとする民間の経済交流が重要な役割を果たし，このことが韓国政府と韓国財閥との関係の構築，他方で韓国財閥のグローバルな経済活動にも少なからず影響を与えたといってよい。そこで第3章では韓国とハンガリーとの外交関係構築に大宇の金宇中が貢献したことが，韓国政府と大宇との関係，そして大宇の企業活動にどのような影響を与えたのかということを明らかにする。

　そして，大宇造船問題を抱えていた金宇中であるが，1992年大統領選挙に出馬の動きを見せていた。同選挙には，現代の総帥鄭周永が新党を設立して出馬を表明しており，韓国財閥総帥の政界進出に注目が集まっていた。最終的には，金宇中は大統領選挙に出馬せず，鄭周永は出馬することとなったが，鄭周永は政界進出を図ったことにより，金泳三政権から報復措置を受けることとなり，現代の系列会社の企業活動に悪影響を与えた。一方，大統領選挙への出馬を断念した金宇中は，金泳三政権が成立すると世界経営を掲げて，大々的に海外進出を果たした。

　そこで，第3章の最後では，韓国財閥総帥の政界への進出が政府との関係に与えた影響と，財閥の企業活動に与えた影響を明らかにする。

第3節　韓国財閥の概念定義と用語

　これまで，韓国財閥という言葉が当たり前のように使われてきたが，そもそも財閥という言葉の定義は曖昧である。

　韓国では，1987年から韓国の公正取引委員会（Fair Trade Commission）が相互出資制限企業集団という形で，韓国の大規模企業集団を指定している。企業集団が一定の規模以上場合，独占禁止法などによるグループ企業間の相互

出資などに制限を加えられる企業集団として毎年4月に指定するものである。1987年当時は総資産4,000億ウォン，その後何度かの基準変更が行われ，2008年7月以降は総資産5兆ウォン以上がその対象とされている。そして，こうして，公正取引委員会によって相互出資制限企業集団に指定された企業グループが一般的には，財閥（Chaebol）と呼ばれているのである。

　そして，韓国財閥の語源は，日本の財閥（Zaibatsu）にある。ちなみに鄭安基「韓国『4大企業集団』の所有と組織構造」（『経済論叢　別冊調査と研究』第21号，京都大学，2001年）では，「従来の韓国財閥（Korean Chaebol）の概念規定は，日本財閥（Zaibatsu）研究の影響を強く受けて，『特定の家族・同族が所有・支配する多角的な企業集団』という定義を無批判的に受け入れてきた」（p. 42）としている。また，鄭章淵『韓国財閥史の研究』（日本経済評論社，2007年），では「ところで，財閥という言葉は，戦前日本の財閥に由来することは言うまでもない。三井，三菱，住友をはじめとする日本の財閥は戦前植民地朝鮮に大挙して進出し，その存在感の大きさから当時の朝鮮人たちの間では豊かな先進国文明の象徴であると同時に日本による過酷な植民地統治のシンボルとしてみなされた。韓国における財閥とは，当初よりネガティブな響きを伴う言葉として受け止められたのである」（p. 3）と述べたうえで，「韓国の財閥の場合，総帥と呼ばれる財閥のリーダーとその一族が経営に深く関わるケースが圧倒的に多い」（p. 3）としている。図－1はこの「血縁財閥」

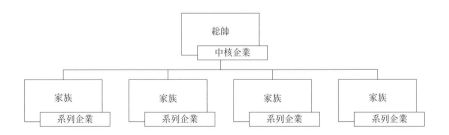

多角的な事業展開

図－1　韓国財閥の図式（血縁財閥）

を図式化したものであるが，総帥が中核企業の会長となり，総帥の血縁関係
者が系列企業のトップの座に就いてその経営に参与するという形が多くみら
れた。

　また，韓国財閥はこうした「血縁財閥」が大多数ではあったが，中には学
閥で形成された「学縁財閥」という特色を持つ財閥もあった。図 - 2 はその
「学縁財閥」を図式化したものである。「学縁財閥」は総帥の血縁関係者はそ
の経営にほとんど参与せず，総帥の同窓生やその繋がりによって系列企業に
専門経営者が採用された。「学縁財閥」は，総帥がグループ全体の経営に大
きな影響力を持ちながらも，この専門経営者たちも一定の発言力を持ってい
た[2]。

　以上をまとめると，韓国における財閥と日本における財閥には，特徴の相
違が見られるものの，韓国財閥の語源は日本の財閥であり，その特徴は特定
の家族や同族，あるいは学閥によって企業を所有・支配する多角的な企業集
団だということである。

　そして，韓国で最初の財閥であるとされるのは泰昌グループ（Taechang
Group）であるとされている。現存する韓国国内の新聞記事を検討すると，
1940年代までは，日本企業グループに対して財閥という言葉が使われていた
が，1950年代頃からこの泰昌グループ（以下，泰昌）に対して財閥という言葉
が使われるようになったことがわかる。財閥という言葉は曖昧な言葉ではあ

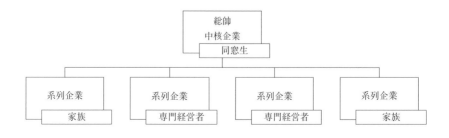

多角的な事業展開

図 - 2　韓国財閥の図式（学縁財閥）

るが，古くから使用され，韓国の大規模企業集団を表す言葉として定着しているため，本書では同様に韓国財閥という用語を用いることとする。

そして，ここで用語について一言述べておきたい。本書で頻出する「不実企業」であるが，日本にはない韓国独特の経済用語である。「不実企業」という用語について，先行研究である高廣明「韓国『財閥』の成長戦略に関する研究：大宇グループ成長の実証分析」（東京経済大学博士論文，1998年）では「一般にいう『不実企業』とは，企業の財政が悪化し，負債を契約条件の通りに支払うことができない企業である」（p. 87）としている。また，『日経ビジネス』1972年3月20日号「素顔の韓国経済　真価問われる"漢江の奇跡"。―どこへ行く60年代高度成長」では，「①銀行管理下にある，②外国からの借款を1年以上返済できないでいる，③操業率が50％を割っている，④減資しなければならない，⑤会社整理法の適応を受けている」（p. 60），これらのどれかに該当する企業が「不実企業」であるとしている。「不実企業」という用語に明確な定義はないものの，韓国では，経営破綻寸前の企業を「不実企業」と呼んでおり，本書でも「不実企業」という用語を用いることとする。また，企業が「不実企業」といわれる状態に陥ることは「不実化」と表現される。こちらもあわせて使用することとする。

次に，韓国財閥の呼称についても述べておきたい。韓国財閥は，韓国では「대우그룹（Daewoo guroup）」のように「グループ」という言葉を付したり，何も付さずに「대우（Daewoo）」と表現されたりする。また，日本では，「大宇グループ」，「大宇財閥」のように，「グループ」，「財閥」を付して表現される場合もあれば，「大宇」のように何も付さずに表現される場合もある。このように，韓国財閥の呼称は多様であるため，本書では初出箇所に「グループ」と付し，それ以降はグループを付すことなく表現することとする。

また，大宇という漢字は韓国語では「デウ」と読むが，日本語では「ダイウ」と読む。三星という漢字は韓国語では「サムソン」と読むが，日本語では「サンセイ」と読む。また，日本の現地法人は「日本サムスン」という名称が使用されている。このように，日本と韓国では，その呼称に相違があるため，適

宜，初出箇所に英語で韓国語での読み方を表記することとする。その際，三星 'Sumsung' のように英語の正式名称がある場合はそちらを採用することとする。

　また，企業名についてだが，大韓造船公社については，公企業である大韓造船公社と民間企業である大韓造船公社株式会社の二つがある。両者の区別をつけるために民営化後の大韓造船公社については大韓造船公社㈱と表記することとする。次に，株式会社大宇（Daewoo Corporation）については，大宇グループの大宇と区別するために㈱大宇と表記することとする。そして，企業名については，可能な範囲で英語表記を付すこととする。

　次に，人物名についても述べておきたい。人物名についても，先のグループ名と同様に日本語と韓国語では読み方の相違がある。そのため，初出箇所に英語で表記することとする。ところで，韓国人の人名の英語表記については，人によってその表記が異なる場合がある。例えば，韓国人の姓で多い「李」を例にあげると 'Lee' 'Yi' 'Rhee' 'Ree' などの表記がある。正式な英語表記が把握できる場合については，そちらを採用し，それ以外については，一般的な英語表記を採用することとする。

　最後に，グループの名称の変更についても触れておきたい。まず，現在のLG については，1982年12月31日まではラッキー，1983年１月１日から1994年12月31日まではラッキー金星（Lucky Gumsung），1995年１月１日からは LG と名称が変更されている。また，現在の SK については，1997年12月31日までは鮮京（Sungkyong）であったが，1998年１月１日からは SK と名称が変更されている。

注
（１）　同事件では，朴槿恵元大統領の知人である崔順実が，大統領の親友という立場を利用して機密文書などを入手し，国政に口を挟んでいた疑いが指摘されているほか，財団を通じ個人的に利益を得ていたという疑惑がもたれた。そして，同事件では，朴槿恵元大統領と崔順実が関与する財団に賄賂を提供したとして，三星電子の李在鎔副会長やロッテグループの会長である辛東彬（日本名・重光昭夫）が逮捕された。
（２）　鄭章淵『韓国財閥史の研究　分断体制資本主義と韓国財閥』（日本経済評論社，2007年，p. 276）。

第1章　朴正熙政権時代の大宇

第1節　朴正熙政権の財閥政策と「新興財閥」の形成

　1948年8月から10年以上に渡り独裁政権を維持し，1960年3月に行われた第4代大統領選挙における大規模な不正選挙に反発した学生や市民による民衆デモ，いわゆる，4.19学生革命により李承晩政権は崩壊した。李承晩政権崩壊後は，4.19学生革命の直前に外務部長官に就任した許政（Hoe Jeong）が第6代国務総理となり，1960年5月29日に李承晩が亡命すると，過渡政府の大統領権限代行を務めた。

　そして，許政政権は，李承晩政権時代から問題となっていた財閥の不正蓄財問題に取り組んだ。許政政権は，1960年5月に開いた国務会議で脱税行為などの経済事犯の処罰について話し合い，不正蓄財問題を租税犯処理法に基づいて解決する方針を固めた[1]。だが当時，申告したのは三星の総帥，李秉喆（Lee Byung-chul）を含めたわずか9人であり，結局のところあまり成果は得られなかった。

　その後，韓国は初の議院内閣制（第2共和国）に移行し，尹潽善（Yun Po-sun）が大統領に就任した。第1共和国では大統領に権力があったが，この第2共和国では，首相に権力が集中した。したがって，李承晩政権崩壊後の韓国の政治権力は首相に就任した張勉（Chang Myon）が握った。張勉政権は，1961年4月に「不正蓄財処理法」を制定したが，その直後の1961年5月16日に所謂5.16軍事クーデターが発生し，その成果が得られないままその政権は崩壊した。この5.16軍事クーデターにより政治権力を握ったのは，1961年5月19日に革命委員会を改称して設置された最高権力機関である国家再建

最高会議（以下，最高会議）の副議長朴正熙であった。その最高会議は「不正蓄財処理基本要綱」を発表した。この「不正蓄財処理基本要綱」により，前公務員及び前軍人とともに一般不正蓄財者として，韓国財閥総帥らが拘束された。1961年5月29日付け『京郷新聞』「不正蓄財處理要綱　25名은 이미拘束（不正蓄財処理要綱25名すでに拘束)」によると，一般不正蓄財者として拘束されたのは，三護紡織の鄭載護（Jeong Jae-ho），大韓洋灰の李庭林（Lee Jeong-rim)，極東海運の南宮錬（Namgung ryeon)，極東燃料の李龍範（Lee Yong-beob)，中央産業の趙性喆（Jo Seong-cheol〔原文は趙性哲〕)，東立産業の咸昌熙（Ham Chang-hui)，韓国ガラスの崔泰燮（Choi Tae-seob)，和信産業の朴興植（Park Heung-sik)，三星物産の李秉喆，泰昌紡織の白南一（Baek Nam-il)，東洋セメントの李洋球（Lee Yang-gu）であった。表-2は，1950年代の10大財閥であるが，10大財閥の総帥が全員拘束された。

　そしてその後，1961年6月14日に「不正蓄財処理法」が制定された。1961年6月14日付け『東亜日報』「不正蓄財処理法全文」によると，同法律では，以下の者が不正蓄財者の対象とされた。

表-2　1950年代の10大財閥

グループ名	創立年度	創立者
三星	1938	李秉喆
三護	1950	鄭載護
開豊	1949	李庭林
大韓	1946	薛卿東
ラッキー	1947	具仁會
東洋	1953	李洋球
極東	1947	南宮錬
韓国ガラス	1954	崔泰燮
東立	1949	成昌熙
泰昌	1916	白南一

出典：鄭章淵『韓国財閥史の研究　分断体制資本主義と韓国財閥』（日本経済評論社，2007年，p. 43)，「不正蓄財處理要綱　25名은 이미拘束（不正蓄財処理要綱25名すでに拘束)」『京郷新聞』1961年5月29日を参考に作成。

1．国公有財産や帰属財産の売買契約賃貸借契約（契約条件の変更を含んだ以下のような）などによって取得占有した総額1億ウォン相当以上の不正利得を得た者

2．不正な方法で総額10万ドル以上の政府または銀行保有の外国為替の貸付を受けたり買収したりした者

3．金融機関から融資を受けて総額5,000万ウォン以上の政治資金を提供した者

4．国家または公共団体の工事発注や物品売買の入札において，談合または随意契約をしたり官許事業の承認・許可を不正に受け，総額2億ウォン相当以上の不正利得を取得したりした者

5．外資購買・外国為替またはその購買外資の配分を独占して総額2億ウォン相当以上の不正利得を受けた者

6．租税に関して，法律に違反して総額2億ウォン以上の国税を脱税したり，国税徴収義務を履行しなかったりした者

7．財産を海外に逃難させた者

　しかしその後，財閥総帥らが全財産を国家に献納すると宣言し，同年6月30日には，拘束された財閥総帥らは全員解放された。最高会議は，韓国財閥を取り締まるのではなく，経済政策に利用する方針へと政策を転換したのであった。この最高会議の一連の韓国財閥への方針転換について，当時の韓国中央情報部（Korean Central Intelligence Agency=KCIA）の金鍾泌（Kim Jong-pil）がインターネット版『中央日報』の連載記事「김종필증언록 소이부답（金鍾泌証言録笑而不答）」[2]で以下のように述べている。

　　この日，有名な財界大物が皆不正蓄財者として捕えられた。最高会議が決めたことだということで，私が手を出す隙がなかった。（中略）貧困を追放して産業化を固めるためには，実業家を活用しなければならないと考えた私としては，経済人の拘束は気乗りがしなかった。
　　6月8日韓国日報の張基栄（Jang Gi-yeong）社長（副首相兼経済企画院長官

9代国会議員）が私を訪ねてきた。彼は私が気にしていたまさにその部分を指摘した。「経済のことがわかる実業家を活用しなければなりません。極東海運社長である南宮錬という方がいるのですが，私たちの経済の実状と経済人の役割をよく知っています。金部長（金鍾泌）が一度会って，助言を聞いてみるといいです」（と話した）

（이날 내로라하는 재계 거물들이 죄다 부정축재자로 잡혀 들어갔다. 최고회의가 결정한 일이라 내가 손 쓸 틈이 없었다. (중략) 가난을 추방하고 산업화 기반을 다지기 위해 실업인들을 활용해야 한다고 생각했던 나로서 경제인 구속은 내키지 않는 일이었다.

6월 8일 한국일보사 장기영 사장 (부총리 겸 경제기획원장관・9대 의원) 이 나를 찾아왔다. 그는 내가 신경 쓰던 바로 그 부분을 긁어 줬다. "경제의 '경' 자라도 아는 건 실업인들뿐이니 활용을 해야 합니다. 극동해운 사장인 남궁련이라는 분이 있는데 우리 경제의 실상과 경제인의 역할을 잘 알고 있습니다. 김 부장이 한번 만나서 조언을 들어보는 게좋겠습니다.")

ここで，韓国日報社長の張基栄とは，朴正熙政権下の1964年5月から1967年10月まで副総理兼経済企画院長官を務めたこともある人物である。張基栄は，1948年に朝鮮銀行の調査部長に就任し，韓国銀行が創設された1950年に同行の副総裁に就任した。その2年後に辞任すると，その後は朝鮮日報の社長に就任した。この朝鮮日報社長時代に，日韓会談の代表団員の1人に選ばれ，崔圭夏（Choi Kyu-ha）らと共に日本側との交渉を行った。朴正熙政権下の1964年には副総理兼経済企画院長官に就任し，同年に行われた朴正熙大統領のドイツ訪問に同行し，翌年のアメリカ訪問にも同行した。そして，張基栄は1966年にタイなどアジア諸国との経済外交でも活躍した。このように，張基栄は経済界だけではなく，政界でも活躍した人物である。先のインターネット版『中央日報』「김종필증언록 소이부답（金鍾泌証言録笑而不答）」によると張基栄の助言により，金鍾泌は南宮錬の元を訪ね，以下のように話したという。

私が「今，企業家をどうにか活用して経済再建をしようといているのだが，助言を適度にして欲しい」と要請した。

（中略）南宮錬社長の論旨は明らかだった。「盗みをしてみたやつが上手だ

ということわざがあるじゃないですか（韓国のことわざで経験がある人が上手だという意味）。革命政府が経済計画委員会と同様のことをスタートさせたことを考えると，経済再建を最優先にしようとしているのに，その人々を捕まえてしまったら，経済活動は誰がするのですか。拘束された実業家を解放して，活動させるのが賢明ではないですか」（と話した）

（내가 "지금 기업인들을 어떻게든 활용해서 경제재건을 하려고 하는데 조언을 좀 해달라"고 요청했다.

（중략）남궁 사장의 논지는 분명했다. "도둑질도 해 본 놈이 잘 한다는 속담이 있지 않소. 혁명정부가 경제계획위원회 같은 걸 출범시킨 거 보니까 경제재건을 최우선으로 하려는 모양인데 그 사람들 잡아넣으면 경제활동은 누가 하겠습니까. 구속된 실업인들을 내놓고 활동하게 하는 게 현명하지 않겠소?"）

　同紙のインタビューでは，この南宮鍊の助言に金鍾泌は賛同したと述べている。そして，金鍾泌は南宮鍊に会った翌日，朴正煕最高会議副議長を尋ねて，南宮鍊社長との面談結果を報告し，拘束されている経済人の釈放を建議したという。その際，両者の間に以下のやり取りがあったと金鍾泌が述べている。

　（金鍾泌）「実業家の他に経済を立て直せる人がいますか。経済企画委員会を作ったが，（そのなかで）経済を知っている人は何人かの学者だけではないですか。拘束された人々を全員釈放して外（外国）に送り出して1件（投資誘致）ずつ尋ねてくるようにするのが良いです」と朴副議長を説得した。朴副議長は，初めは「最高会議でそのように決めたのだから（金鍾泌が話すように）できるのか……」としていたのに，私の話しを聞くと「私も実は実業家を捕まえることには同意しなかった。きちんと処理をしてみる」と立場を変えた。

（"실업인들 말고 경제를 일으킬 사람이 누가 있습니까? 경제기획위원회를 만들었지만 경제를 아는 사람들은 몇 명의 학자들뿐이지 않습니까? 구속된 사람들 전부 풀어서 밖（외국）으로 내보내서 한 건（투자유치）씩 물어 오도록 하는 게 좋겠습니다"고 박 부의장을 설득했다. 박 부의장은 처음에 "최고회의에서 그렇게 결정한 건데 할 수 있나……"라고 하더니 내 말을 듣고 나서 "나도 사실은 실업인 잡아넣는 데 동의하지 않았어. 잘 처리해 보겠다"고 입장을 바꿨다.）

　最高会議は，4.19学生革命の際に民衆が掲げた「経済的民主主義」と「経済的平等」の要求を同時に満たすことで，自らの正当性をアピールしようと

していた。そして，民衆の「経済的平等」の要求に答える一つの政策として，不正蓄財問題に取り組んだのだが，経済政策遂行のためには，韓国財閥の経済力が不可欠であった。そのため，韓国財閥を規制する方針から韓国財閥を政府の経済政策に参加させる方針へと転換したのであった。

　当時，三星の李秉喆，泰昌の白南一，東洋グループ（Dongyang group）の李洋球は日本に滞在していたため，拘束命令が送付されていたのだが，この李秉喆は拘束命令送付後もすぐに帰国しようとはせず，1961年6月26日になって帰国した。当時の三星は韓国財閥の中で最も巨大な財閥であり，その三星を中心として，韓国政府の経済政策に協力させようということで，帰国した翌日に最高会議副議長の朴正煕と対面したという。そして，朴正煕最高会議副議長が李秉喆に対して，李秉喆が先頭に立って経済人をまとめるように頼んだという。その後，同年6月30日に拘束されていた韓国財閥総帥らは解放された。そして，朴正煕最高会議副議長は，財閥の組織化を図るために，軍事革命布告第6号で韓国経済協議会を解散させた。その後，1961年7月17日に新しい財界組織として，経済再建促進会を組織させた。メンバーは不正蓄財で拘束された13人で，会長には李庭林，副会長には趙性喆と南宮錬が就任した[3]。そして，この経済建設促進会が韓国経済人協会に改称され，会長に李秉喆が就任した。これが，1961年8月16日のことであった。

　こうして，一度は不正蓄財者として軍事政権に拘束された韓国財閥総帥らは，1962年から1966年までの第1次経済開発5カ年計画に貢献することになった。第1次経済開発5カ年計画では，日本統治時代の通貨整理と新しい韓国通貨の切り替えおよび旺盛な投資資金需要に対応するための貯蓄の増強と外国資本導入に向けた国内金融制度の整備が必要とされた[4]。この第1次経済開発5カ年計画の外国資本の導入には，財閥側も積極的に実現に向け動いた。当時韓国経済人協会会長であった李秉喆が先頭に立ち，西ドイツ，日本，アメリカなどで投資を取り付けた[5]。

　そして，これに続き，第2次経済開発5カ年計画が1967年に開始された。それは，輸出による外貨の獲得と外資の導入を積極的に行って工業化を目指

すものであった。しかし，初期段階では本格的な工業化には至らず，繊維や雑貨，皮革などの軽工業が中心であった。そこで政府は，外貨を獲得し，工業化を進めるためにも先に農水産物の1次産品輸出と，軽工業分野の輸出振興を柱とし，輸出振興を政策の軸とすることでその後の本格的な工業化へと繋げようとしたのであった。そのため，政府の産業資金が輸出産業に優先的に分配された。この時代の企業は，政府の推し進める輸出産業に携われば，事業拡大を図ることができる可能性が大きかった時代であった。

　大宇の原点である大宇実業は，ちょうどこの第2次経済開発5カ年計画が開始された頃に設立された。大宇実業は繊維商社であり，それが，まさに当時の政府の推し進める輸出産業分野であった。このような分野にかかわっていたことも，大宇による事業の拡大戦略にも大きな影響を与えた[6]。

　また，当時，多くの韓国財閥が血縁によって支配体制を構築する「血縁財閥」であったが，それに対して大宇は血縁関係がある人間はその経営にほとんど関与せず，自身の出身校の人物でその経営体制を構築する「学縁財閥」という特徴があった。図-3に大宇の支配構造を図式化したが，1980年代半ばの時点で血縁者のグループ経営の参加は，金宇中の妻の鄭禧子（Chung Hee-ja）と金宇中の弟の金成中（Kim Seong-Choong）の2人のみであった。

　大宇実業の創業者である金宇中がグループ全体の経営に大きな影響力を

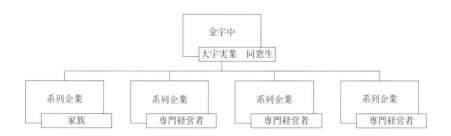

多角的な事業展開

図-3　大宇の支配構造

出典：服部民夫・佐藤幸人「第11章　韓国における「財閥」的企業発展」（『研究双書（464）／韓国・台湾の発展メカニズム』1996年），鄭章淵『韓国財閥史の研究』（日本経済評論社，2007年）を参考に作成。

表－3　1972年～1980年の韓国財閥の系列企業数と関連産業分野数

財閥名	系列企業数（関連産業分野数）		
	1972年	1979年	1980年 1 月
現代	6（5）	31（15）	31
ラッキー	18（14）	43（24）	43
三星	16（15）	33（26）	33
大宇	2（3）	34（26）	34
暁星	4（4）	24（15）	24
国際	3（5）	22（16）	—
韓進	8（10）	15（15）	14
雙龍	6（7）	20（13）	20
韓国火薬	7（8）	18（16）	18
鮮京	5（6）	14（16）	14
平均	7.5（7.5）	25.4（17.6）	25.7

出典：趙東成『한국재벌연구（韓国財閥研究）』（毎日経済新聞社，1990年，p. 185, p. 203）
　　　を参考に作成。

持っていたが，系列企業に採用された専門経営者たちも一定の発言力を有した[7]。血縁関係者ではなく，さまざまな分野の専門家を経営陣に加えたことも，大宇が後発の「新興財閥」でありながらも短期間で巨大財閥へと成長することが出来た一因であった。

　そして，大宇は創業開始後，多角的な事業展開を行うことにより，その系列企業数を急速に増やした。

　表－3を見ると，大宇実業が創設された5年後の1972年には，その系列企業数はわずか2社であったにもかかわらず，朴正熙政権が崩壊した1979年にはその系列企業数が34社にまで増えたことがわかる。1972年から1979年にかけての系列企業の増加数に関していえば，大宇の増加数は他の財閥に比べて突出しており，大宇が朴正熙政権時代に急速に巨大化したことを示している。

　先述のように，大宇が短期間で巨大財閥へと成長できたのは，政府から「不実企業」の経営権を引き受けることで事業の多角化ができたこと，そし

て政策金融を引き出すことで資金不足を補うことができたためであった。こうして，大宇は大財閥の仲間入りを果たしたのだが，他の「新興財閥」のなかには，短期間で急速に巨大化したことによる無理がたたってか，短期間で経営破綻に追い込まれた企業グループも現れた。例えば，朴正煕政権下で「第二の大宇」と注目された栗山グループ（Yulsan Group）である。

　栗山グループ（以下，栗山）は，1975年6月17日に当時27歳の申善浩（Sin Sung-ho）が京畿高校や光州西中学校の同窓生である姜東元（Gang Dong-won），申泰升（Sin Tae-Seung），崔晏準（Choi An-jun）など6人で設立した栗山実業がその源流である。多くの韓国財閥の経営陣が創業者とその家族で構成されるなか，栗山実業の経営陣は大宇と同じく学縁によって構成されていた。

　栗山実業の設立時の資本金はわずか100万ウォン程度であったが，中東地域，特にサウジアラビアへのセメント輸出を積極的に行い，設立初年度に340万ドルの輸出実績をあげた。栗山実業が中東地域への輸出を成功することができたのは，申善浩がサウジアラビアと何らかの個人的な繋がりを持っていたといわれている[8]。サウジアラビアへのセメント輸出に成功した栗山は，大宇同様に政府より「不実企業」の経営権を引受けて，その事業を拡大していった[9]。

　しかし，1978年7月，栗山が外国人の卸小売行為を禁止しているサウジアラビアの国内法を破り，サウジアラビアで追放される可能性があるという噂が広がり，これを契機に栗山の経営状態が悪化していくこととなる[10]。この件については，最終的には，栗山がサウジアラビアに罰金を支払うことで解決し，サウジアラビアからの追放は免れたが，栗山に対する信用が落ちることとなった。また，「短資会社と私債市場で資金融通が詰まるとのほぼ同時に，不動産ブームが8・8（不動産）投機抑制措置で急激に冷めた」[11]ことが栗山の資金繰りを悪化させた。朴正煕政権時代，土地，建物など不動産購入を通じた資産拡大は韓国財閥の常套的に行われていたためである。このような状況が重なり，栗山の資金繰りが悪化していった。

　そして，1979年4月3日に申善浩は業務上横領と為替管理法違反容疑で拘

束され，その後起訴された。拘束事由は「1975年6月17日，100万ウォンの資本金で栗山実業設立以来，1978年末までの間に総資本金が100億ウォンに達し，14の系列会社と37の海外支社を持ち，8,300人余りの会社員を率いる大企業（グループ）に成長した。その過程で，一般融資金，輸出融資金，海外工事前受金などをグループ傘下の系列企業にまともに入金させず，仮支給金という形で変態支出を行い，他の会社を相次いで吸収合併，買収したり増資したりするために使用した。そして，過去3年間で134回にかけて会社の資金15億ウォン余りを引き出して会社の資本金の89%を個人の財産にした。また，グループ傘下の社員の海外出張費を実際の支給額より10%程度多く策定し，その差額である73,000余ドルを引き出した後，これを金融機関などに保管したり登録したりしないで自身の事務室に保管した」[12]というものであった。

　そして，申善浩が拘束，起訴されただけではなく，政府の指示により栗山が解体されることとなった。一連の出来事は「栗山事件」と呼ばれ，韓国国内外で大きな注目を集めた。栗山の解体要因については「申善浩の経営責任」，「関連金融機関の与信管理」などがあげられた。経営責任については，「自己資本の蓄積を通じて企業の内実化よりも多角的な系列企業の拡張に偏った（申善浩の）企業人としての過大な意欲と長期固定投資と企業拡張によって資金梗塞の時期に直面するとこれに対処する能力が限界に達したと」[13]等，申善浩の無謀な経営方針が栗山の破綻に繋がったという見方が多かった。しかし，これについて以下のような見解もあった。財務委員会にて「栗山が現在14の系列企業を持っているが，これは本意で14になったのではありません。本委員が知る限りでは，ソウル信託銀行ですっかり使い物にならなくなった光星皮革（の経営権）を引受けられないとしたのにもかかわらず，引受けろ，引き受けなければ，資金支援をしないといって，脅迫，恐喝をしたから引受けた！その他にもいろんなところもそうしました。主去来銀行でお金を得て使っているという罪で（「不実企業」の経営権を）引受けさせられ，タコ足式になった，このような事例が多いのです」[14]という委員の発言

がある。この発言からは，当時の韓国財閥が政府より半ば強引に「不実企業」の経営権が引き渡されていたということがわかる。

　このように，「第二の大宇」と注目された栗山はわずか数年で破綻することとなった。この栗山の破綻が意味することは，単純に韓国政府の政策に連動させた事業展開を行っても，その企業活動が必ずしも成功するわけではなかったということである。

　さて，大宇実業設立直後，繊維・皮革製品の輸出に成功し，事業拡大に成功した大宇は，重化学工業を中心とした分野への進出を始める。これは，政府の政策が第3次経済開発5カ年計画以降，重化学工業を中心としたものに移行したためであった。第3次経済開発5カ年計の重点目標は「農漁村経済の革新的開発」，「輸出の画期的増大」，「重化学工業の建設」であった[15]。第3次経済開発5カ年計画では，安定と均衡の現実に力点が置かれたが，韓国をとりまく国内外の政治情勢が急変したことをきっかけに，安定・均衡路線を放棄して，再び高度成長路線をとり，朴正煕大統領が急速な重化学工業化政策の開始を宣言するに至った[16]。朴正煕大統領は，1973年1月12日の大統領念頭記者会見で「我が国の経済は，今や『重化学工業時代』に入りました。したがって，政府は今から『重化学工業育成』の施策に重点をおく『重化学工業政策』を宣言します」と述べた。これが「重化学工業化宣言」である。同宣言が行われたのは1973年に入ってからのことであったが，実際には，重化学工業化に向けた動きは1960年代末頃から始まっていた。

第2節　大宇造船工業の設立

第1項　朴正煕政権の造船振興

　朴正煕政権が重化学工業政策を進める中で，重要政策の一つとしたのが造船振興であった。朴正煕政権下では，造船業に関する政策は二つの観点から進められていた。一つは防衛産業の育成を目的としたものであり，もう一つは重化学工業化政策に基づくものであった。造船工業に関する政策を図－4

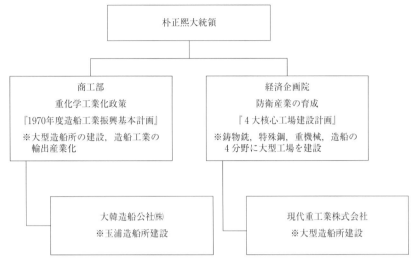

図-4　造船工業を巡る政策

にまとめた。

　まずは，防衛産業の育成を目的とした造船工業に関する政策についてであるが，1969年から金鶴烈（Kim Hak-ryeol）副総理兼経済企画院長官が中心となって作成した機械工業の育成計画である「4大核心工場建設計画」があった。金鶴烈副総理兼経済企画院長官は，アメリカのバッテル研究所（Battelle Memorial Institte）の主席研究員であったハリー崔（Harry Choi）を招き，韓国科学技術研究所（KIST）の技術者と共同で計画書を作成させた[17]。1970年5月にこの計画に関する報告書をもとに，商工部と経済企画院に対するブリーフィングの後，朴正熙大統領，金鶴烈副総理，南悳祐（Nam Duck-woo）財務部長官，李洛善（Lee Nak-seon）商工部長官らに対して報告を行った。その際，朴正熙大統領が防衛産業の育成にも役立てることができると点に関心を示したことがきっかけとなり，機械工業の育成計画であった「4大核心工場建設計画」が防衛産業の育成に結び付けられたという[18]。この「4大核心工場建設計画」では，鋳物工場，特殊鋼工場，重機械総合工場，造船所の建設が進められた。そして，この計画で大型造船所の建設を担当したのが

現代であった。当時，政府は「４大核心工場建設計画」の造船分野の担い手として，現代と三星を選定し，それぞれに声をかけたとされている[19]。そして，その要請を受け入れたのが現代であったという。後に造船工業を営むこととなる現代重工業（Hyundai Heavy Industries）の前身である現代造船工業（Hyundai Ship-building & Heavy Machinery）が設立されたのは1973年12月であるが，その設立が決定したのは1970年６月であった[20]。現代は政府から大型造船所の建設要請を受け，1970年３月に現代建設部内に造船事業部を作った。そして，現代は欧米５カ国と約１億ドルの借款契約を締結することに成功し，1972年３月に造船所の建設にとりかかった。造船建設に並行してギリシアから受注したタンカーの建造もすすめられ1973年３月に第１号の建設作業が開始された[21]。

　このように，防衛産業の育成を目的として，経済企画院主導の下で現代重工業が造船振興を進めたが，その一方で重化学工業化政策に基づく観点からも造船新興が図られた。重化学工業化政策に基づいて立案されたのが「造船工業振興基本計画」であった。同政策の担当であった商工部は1970年２月に「1970年度造船工業振興基本計画」を立案し，大型造船所の建設や，造船工業の輸出産業化を表明した[22]。この商工部が主導的に進める「1970年度造船工業振興基本計画」における造船産業の担い手は，大韓造船公社㈱であった。そして，この政策では大韓造船公社㈱の施設の拡張が主要な計画の一つであった[23]。先にも述べたが，大韓造船公社㈱は，1937年に設立された朝鮮重工業がその源流であり，1962年６月に大韓造船公社法（法律第 1064号）に基づき，商号が変更され，大韓造船公社となった。しかし，1968年「大韓造船公社が直面している経営上の問題点を短期間で効果的に解決する責任ある経営をし，創意力を発揮させて今年中に造船工業として完全な生産能力を確保すること」[24]を目的として，大韓造船公社は政府から民間企業へと引き渡されることとなった。当時，政府は「政府出資企業の管理改善方案」を作成し，重要政府出資法人31企業を①完全公企業，②政策上過渡混合公企業，③過渡的混合，④私企業という四つの形式に分類して，現行の管理体系を変

更するとした。大韓造船公社は②政策上過渡混合公企業に分類されたが，②は，将来，民営化をすることを前提とし，所要資金が大規模なため，過渡的に混合公企業とするとされた企業のことであった。そして，1968年11月に大韓造船公社㈱へと名称を変更すると同時に極東海運の南宮錬社長が社長に就任した。つまりは，南宮錬が事実上，大韓造船公社㈱の経営権を手に入れたのであった。この南宮錬は，先述のように朴正熙が最高会議の副議長時代に，韓国財閥の総帥を拘束した際，釈放の条件として経済再建に利用する方針を採るように助言したとされる人物である。

　ここで，南宮錬の経歴について簡単に触れておくと，南宮錬は1916年に京畿道揚州に生まれ，1940年に日本の日本大学経済学部を卒業した。そして，1949年に極東の中核企業となる極東海運を設立し，その後，韓国の海運業界を牽引する存在となった。1954年から1959年までは，国営の海運会社の社長も務め，1959年には韓国石油を設立して代表を務めたし，1962年から1963年までは韓国日報の社長も務めた。そして，1968年に韓国政府から大韓造船公社の経営権を引受けた後，1972年，1973年に銅塔産業勲章，金塔産業勲章を受章し，1974年には輸出の日褒賞者に選ばれた。また，南宮錬は企業家として活躍する一方で政治家としても活動していた。1964年には経済科学審議会の委嘱委員に選出され，1966年には金融通貨委員会の委員に選出された。1972年には12月維新憲法によって組織された憲法機関である統一主体国民会議の鍾路区代議員に当選した。

　このように，政界でも活動をし始めた財界の大物南宮錬であったが，大韓造船公社の経営権の引渡しに関しては，三星をはじめ大農グループ，大鮮造船など10社余りがその引受けに名乗りをあげており，その引受け実現には困難が予想された。南宮錬は1950年代，大韓造船公社の理事をしていたことがあり，同社とは関係が深かったこと，さらには南宮錬が朴正熙政権と近い関係にあったことなどもその引受けを実現させたのであろうか。ともかく南宮錬がその権利を手に入れたのである。こうして，南宮錬がその経営権を引受け，大韓造船公社が民営化されることにより，経営再建が図られた。それに

もかかわらず，同企業の経営状態はますます悪化する一方であった。大韓造船公社㈱の経営状態悪化の要因は，造船需要の不足という以前からの問題が改善されなかったことに加え，民営化直前である1968年6月，政府が大韓造船公社㈱の造船需要を確保するために，率先して行った台湾輸出漁船事業の受注が大幅な赤字を生み，経営合理化の名目で行われた大規模なリストラによって労使関係が悪化するという問題に因るものであった[25]。裵錫満「1970年代初頭現代グループの造船工業参入過程の分析—韓国経済開発期における国家と民間企業の役割に関する再検討—」(『現代韓国朝鮮研究第7号』現代韓国朝鮮学会，2007年) では，朴正熙政権時代の大韓造船公社㈱の経営状態悪化の要因を「民営化の造公（大韓造船公社）の更なる経営悪化の主な原因を，払い下げを受けた南宮錬の消極的経営姿勢にあると判断していた。すなわち，払い下げの条件として政府が要求した最低51％の持分引受けを南宮錬が行わなかったこと，経営（権）を引受けた後に自己資本の投資が全く行われなかったこと」(p. 27) と指摘している。しかし，政府が大韓造船公社㈱の経営悪化の要因を南宮錬の経営方針によるものだと判断していたなら，玉浦造船所の建設中断問題が発生した当初から大韓造船公社㈱の経営権そのものを他の財閥に引き渡す方針を検討したのではないだろうか。また，玉浦造船所の処遇が決定した後，大韓造船公社㈱の処遇は，南宮錬が経営から退くというのみであり，その後を引き継いだのも南宮錬の長男である南宮浩（Nam-gung Ho）であった。このことからも，政府が大韓造船公社㈱の経営状態悪化の要因を南宮錬だけの責任だとは考えていなかったのではないだろうか。

　このように，重化学工業化政策の一環として政府の要請によって，大韓造船公社㈱建設していた玉浦造船所の建設工事が中断する事態となった。玉浦造船所は，着工当時は，敷地98万坪，年間建造能力120万G/T，所要資金664億ウォン，建設期間は1973年から1975年12月までという計画であった[26]。だが，建設計画終了の予定である1975年5月を大幅に過ぎた1978年7月になっても，同造船所の建設がその工程の30％しか進んでおらず，更には工事自体が中断していることが明らかとなった[27]。玉浦造船所の建設が

中断した背景には，先述のような同企業が抱える経営問題に加え，石油危機や造船不況等の外的要因も加わり，玉浦造船所建設のための資金調達困難となったからであった。韓国政府はすでに玉浦造船所の建設に830億ウォンもの資金を投入しており，このままその建設工事が延期し続けた場合には，更に１年間で288億ウォン，３年間で873億ウォンもの追加資金を投入しなければならず，早急に工事を再開させなければならなかった[28]。玉浦造船所の建設に関しては，韓国産業銀行も資金支援を行っていたが，事業性と将来性から同造船所の建設の資金支援を継続できないと政府に対して意義を提起していた[29]。また，1978年６月２日付け『京郷新聞』「玉浦造船所준공 앞둔『造船公社』資金요구에 財務部 난색（玉浦造船所の竣工を控えた『造船公社』資金要求に財務部難色）」によると，「大韓造船公社㈱が完成日をわずか半年後に控え，建設支援規模を２倍に増やすように政府に要求して，財務部側が難色を示した」とのことであった。玉浦造船所の建設再開のための追加資金は，大韓造船公社㈱が投入しなければならず，政府は大韓造船公社㈱に対して，同企業が所有する株式の一部と，アジア航空，玉浦企業などの系列企業を処分して，自己資金を調達するよう要請した。だが，大韓造船公社㈱側はすでに設立した企業は処分しないとして，玉浦造船所の建設を放棄する姿勢を示した[30]。大韓造船公社㈱の経営状態悪化の要因は，石油危機や造船不況などの外的要因により，当初の計画よりも莫大な資金調達が必要になったこと，大韓造船公社㈱の民営化直前に，政府が同社の造船需要を確保するために，率先して行った台湾輸出漁船事業の受注が大幅な赤字を出したという，政府側の責任もあった。そうしたことからも，大韓造船公社㈱側は，政府の要請を受け入れず，玉浦造船所の建設を放棄する姿勢を見せたのだと考えられる。

　玉浦造船所の建設は，重化学工業化政策の重要事業の一つであったし，朴正煕大統領も玉浦造船所の起工式に参加するなど，積極的に玉浦造船所の建設を推進していた。早急に玉浦造船所の建設を再開させるために，政府は大韓造船公社㈱への要請を諦め，事業主体を変更し，玉浦造船所の建設を再開

させる方針をとった。

　玉浦造船所の経営権の引渡し経緯に関しては，国家記録院所蔵の関係資料
では，明らかにすることはできない。というのも，同記録院に所蔵されてい
る産業支援部基幹製造産業本部自動車造船チーム（編）『대우조선의 옥포조
선소 인수경위（大宇造船の玉浦造船所引受け経緯）』（1988年，管理番号 DA0047888）
においても，産業支援部基幹製造産業本部自動車造船チーム（編）『대우조
선 경영정상화 방안 논의의 경과（大宇造船経営正常化方案論議の経過）』（1988
年，大韓民国国家記録院管理番号 DA0047889，通番0178）においても，その議論の
内容や推移を示す記述は見られなかった。先の『大宇造船の玉浦造船所の引
受け経緯』では「第37次経済長官会議において不実化した玉浦造船所の事業
主体を大韓造船公社から大宇に変更し……（以下，略）」としているし，『大
宇造船経営正常化方案の議論の経過』でも「第37次経済長官会議で大宇の玉
浦造船所の引受け決定」と記されているのみである。したがって，公的資料
から同造船所の経営権の引渡し過程を分析することが困難であるため，当時
のメディア資料からその分析を行うこととする。

第2項　大宇への玉浦造船所の経営権の引渡し過程

　最初に，玉浦造船所の経営権の引受けについて記述されている先行研究で
は，同経営権の引受けは，その経営権の引受けの意思を示した現代・三星・
大宇の3社の中から，政府が大宇の提案を選択したとされている。だが，後
述するように，ラッキーがその引受け先として検討されていた。大宇造船海
洋著『옥포조선소 : 신뢰와 열정의 30년（玉浦造船所：信頼と熱情の30年）』（大
宇造船海洋，2004年）にも「初めに政府はラッキーグループ，三星グループ，
現代グループなどと共に，大宇グループを念頭に置いて新しい事業推進主体
の選定に臨んだが引受けの交渉過程でラッキー，三星，現代が皆自らの限界
と内部事情があって，妥結に至らず大宇が最終事業主体に決定された」と記
されている。また，『京郷新聞』の連載記事をまとめた『巨塔의内幕 : 四大
財閥總帥의　経営秘訣（巨塔の内幕：四大財閥総帥の経営秘訣）』（京郷新聞社出版

局，1982年）の中でも，玉浦造船所の経営権の引受け先の候補としてラッキーが検討されていたことが記されている[31]。

　最初に玉浦造船所の経営権の引渡しとして検討されたラッキーは，その経営権の引受けに向けて，系列社である湖南精油の合弁先であるカルテックスオイルとタンカー修理等の契約締結を打診した。だが，カルテックス側がその受け入れを拒否した[32]。そのため，ラッキーは，造船会社を経営していくための準備が整わず，結局は自らその経営権の引受けを辞退したということであった。

　こうして，最初に検討されたラッキーへの玉浦造船所の経営権の引渡しが白紙となり，その後その引受け先の候補としてあがったのは三星であった。三星は，先のラッキーとは異なり，当時既に造船産業に参入していた。ここで三星の造船産業への参入過程を簡単に見ておくと，三星は，1960年代からその参入を試みていた。1968年に大韓造船公社が民営化された際，三星はその経営権の引受けを試みたが，先述の通り，その経営権は極東海運の南宮錬が引受けた。一度は造船業への参入に失敗した三星であったが，その後，本格的に造船業へと参入するための準備を始めた。それまで，軽工業中心であった業種を重工業部門に広げるための最初の事業として，李秉喆は造船工業を選択したという[33]。李秉喆は，1973年3月に重工業事業部を秘書室に設置し，造船所建設のための候補地を探す作業に入った。そして，同年5月には李秉喆が直接，日本の石川島播磨重工業（石川島播磨）を訪問し，造船事業の合弁交渉を始めた。そして，1974年3月に三星と石川島播磨の合弁契約が締結され，同年8月に三星重工業（Samsung Heavy Industries）が建設されたのであった。

　以上のように，玉浦造船所の経営権の引渡しを巡る問題が発生した当時，既に造船産業に参入していた三星に対する玉浦造船所の経営権の引渡し案の検討に入った。1978年7月15日付け『毎日経済』「造船公社新源開發財閥級기업에 經營權넘겨（造船公社新源開発財閥級企業に経営権を渡す）」によると，「政府は10日に大統領府で開かれた南悳祐副総理兼経済企画庁長官，金龍煥

(Kim Yong-hwan) 財務部長官, 崔珏圭 (Choi Kak-gyu) 商工部長官による会議でこのような決定 (三星への玉浦造船所の経営権の引渡しの決定) を下し, 12日に開かれた経済長官会議で具体的な条件を協議が行われた協議でこのような決定が下されたものと伝えられている」とのことであった。ここで経済長官会議とは, 国務会議に先立ち重要な経済処置を討議するために1964年3月13日に設置された会議のことである。経済長官会議は, すべての経済部処長官, 対外経済協力に責任を負う外務部, さらに福祉分野の長官をその構成員としていた。この経済長官会議は, 定期的に副総理である経済企画院長官の主催のもとで開催され, 経済問題全般にわたる重要な政策決定が行われた[34]。したがって, 経済長官会議で三星への玉浦造船所の経営権の引渡しが決定されたとすると, 三星への玉浦造船所の経営権の引渡しは, ほぼ決定事項であったといえよう。

　しかしその後, 三星への玉浦造船所の経営権の引渡しを巡って問題が生じた。1978年7月19日付け『京郷新聞』「造公과함께　사겠다 (造公も一緒に買う)」によると,「この前玉浦造船所問題を関係長官らが合意した後, 建設企業だけを変更して, S財閥 (三星) にこれを引き渡そうと推進中であったが, その財閥が大韓造船公社㈱までまとめて引受けることを提案したため, 新しい引受け業者に大韓造船公社㈱と玉浦造船所を一緒に運営していく案を厳密に検討していることが明らかとなり, 財界が非常に注目をしている」とのことであった。当初は, 大韓造船公社㈱から玉浦造船所の経営権引き離して, 玉浦造船所の経営権のみを三星に引き渡す方針であった。だが, 三星が大韓造船公社㈱の経営権を要求したことにより, 経営状態が著しく悪化している大韓造船公社㈱の経営権を三星に引き渡すことを検討し始めたということであった。

　三星は, 1968年に大韓造船公社が民営化された際, その経営権の引受けを望んでいた。当時は造船産業への参入が目的であり, 先述のように三星は軽工業中心であった業種を重工業部門に広げるための最初の事業として, 李秉喆は造船業を選択したとされている。三星にとって, 玉浦造船所の経営権を

引受けるのみではデメリットの方が大きいが，大韓造船公社㈱の経営権を同時に引受けることができれば，事業を拡大することができるチャンスでもあった。しかし，最終的には，政府は大韓造船公社㈱の経営権から玉浦造船所の経営権を引き離して，玉浦造船所の経営権のみを財閥企業に引き渡すとの決定を下した。この決定には，世界的な造船不況がこの先も続く可能性があり，すでに経営状態が悪化していた大韓造船公社㈱の経営権を引き渡しても，その経営状態を改善させることが困難であること，そして，大韓造船公社㈱の南宮錬は，韓国の海運業界，造船業界の先駆者であったあったことや，先述のように，朴正熙政権とも関係があったことなどが影響したのだろうか。

　また，三星は大韓造船公社㈱の経営権の引受けだけではなく，発電設備事業への参入も要求したといわれている⁽³⁵⁾。発電設備事業への参与に関しては，当時の発電設備事業は，韓国の工業分野において機械工業の華と呼ばれる市場であった。その発電設備事業については，元々は現代洋行がその事業を一括して請け負うこととなっていた。だがその後，韓国政府が企業同士を競わせて各企業の技術力の向上を目指との理由から，現代洋行に現代重工業，大宇実業を加えた3企業での事業体制に変更するという方針転換を行った。そこで，三星は，同造船所の経営権の引受けを利用して，同事業への参入を図ったと考えられる。だが，こうした三星の要求と政府の方針が一致せず，三星への玉浦造船所の経営権の引渡しは白紙撤回された。

　こうして，ラッキー，三星への引き渡し案が白紙撤回され，次に韓国政府がその引き渡し先に選出したのが現代のグループ企業である現代重工業であった。先述の通り，現代重工業は政府の防衛産業の育成を目的とした「4大核心工場建設計画」の一環として，造船産業へと参入していた。政府は1978年8月19日に現代重工業に玉浦造船所の経営権を引き渡す方針を示した。だが，この現代重工業への同造船所の経営権の引渡しにも問題があった。

　先述の通り，現代は経済企画院主導の「4大核心工場建設計画」の一環として，政府の要請により造船産業に参入していた。現代重工業は，経営状態

が悪化する一方であった大韓造船公社㈱に代わり，韓国の造船工業の発展に大きく貢献した。しかし，オイルショック等の影響など外的要因により，造船業界全体が不況に陥っていた。そして，その影響を現代重工業も受けていた。政府によって，現代重工業に対する玉浦造船所の経営権の引渡しが検討されていた頃，同企業は大規模な従業員の減員を行う等，造船不況に対する対策を行っている最中であった。このような経営状態の中で，現代重工業が多額の投資を必要とする玉浦造船所の経営権を引受けることは困難であった。また，現代重工業が玉浦造船所の経営権を引受けて，現代重工業の経営が更に悪化した場合には，韓国の造船業そのものが危機的状況に陥る可能性があった。そのため，現代重工業への同経営権の引渡し案は白紙撤回されたのであった。

　こうして，ラッキー，三星，現代と当時の大財閥への引渡しに失敗した政府が最後に選択したのが大宇であった。1978年8月に行われた第37回経済長官会議で大宇への引き渡しが決定したのだが，金宇中は当初から韓国政府に対して，同経営権を引受けることができないとし，その引き受けを拒否していた。1970年代の大宇は表-4のように，韓国政府から多くの「不実企業」の経営権を引受けていた。1970年代に大宇が自身の手によって創設した企業はわずか6社であった。つまり，それ以外の傘下企業のすべては，上述した「不実企業」の経営権の引受けによって，系列社になったものであるということである。このように，当時の大宇は多数の「不実企業」を抱えていたのであり，これらの「不実企業」の経営状態を立て直す必要があった。特に，大宇はセハン自動車の経営権を引き受けて，自動車事業を本格化する計画を続けていたうえに，1976年に韓国機械工業の経営権を引受けて設立した大宇重工業（Daewoo Heavy Industries）に対する投資も継続しなければならず，玉浦造船所の経営権を引受ける程の資金的な余裕がなかった[36]。

　大宇への玉浦造船所の経営権の引渡しが決定した際，金宇中はアメリカに出張中であった。だが，出張の前に当時，副総理兼経済企画院長官であった南悳祐と会談し，大宇は玉浦造船所の経営権を引受けることができないとい

表−4　1970年代に大宇が引受け及び設立した主な企業

年	経営権の引受け及び経営参与		設立
1970	東南繊維		
1971			ナショナル衣類
1972	高麗皮革工業 南陽産業	東和実業	
1973	双美繊維工業 交通センター 東洋証券 韓国タンサン 五星染織 大宇機械	三洲ビルディング 新星通商 東南電気 東国精密 韓国投資 永進土建社	東洋投資金融
1974	交通会館 大原繊維		大宇建設 大宇電子 海宇船舶
1975	新元繊維 大韓教育保険（経営参与） 忠北銀行（経営参与）	首都繊維 ピアリス（経営参与） ディーゼルエンジン工業（経営参与）	
1976	韓国機械工業 大韓ボイラー（経営参与）	大宇エンジリアニング（経営参与）	
1977	大成工業 瑞進	製鉄化学 大洋船舶	
1978	セハン自動車 新亜造船 東興精油	源林産業 東国精油 玉浦造船所	
1979			大宇ITT

出典：チェ・ジョンピョ『한국재벌사연구（韓国財閥史研究）』（図書出版ヘナム，2014年，pp. 153-159），趙東成『한국재벌연구（韓国財閥研究）』（毎日経済新聞社，1990年，pp. 245-263）などを参考に作成。

うことで合意していたという[37]。実際に，玉浦造船所の経営権の引渡し先に関しては，最初の段階では大宇の名前はあがっていなかった。だが，政府は大宇に強引に事業計画書を作らせて，金宇中がアメリカへ出張中に玉浦造船所の経営権を大宇が引受けることにしたと公式に発表してしまったのである[38]。急遽帰国した金宇中が南悳祐副総理兼経済企画院長官に会うと「朴大統領が直接選定したので，あなた（金宇中）との約束を守ることができなかった」といわれたという[39]。

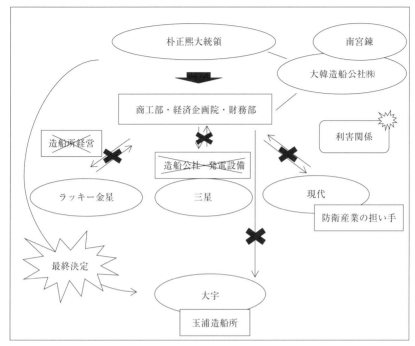

図 - 5　玉浦造船所の経営権の引渡し過程

　つまりは，図 - 5 にまとめたように，玉浦造船所の経営権と大韓造船公社
㈱の経営権の一括引渡しや発電設備事業への参入を巡り，財閥側の要求と商
工部，経済企画院，財務部側の方針が一致せず，最終的にはそれを見かねた
朴正熙大統領によって，直接大宇が選定されたということであった。

　先にも述べたが，結果的には，大宇は玉浦造船所の経営権を引受けたこと
で，軍需産業でもある造船産業に参入した。そのため，先のような経緯があ
るにもかかわらず，先行研究である，深川由起子「大宇［韓国］―" 光と
陰 " をまとう後発財閥」(『新版 アジアの財閥と企業』Ⅱ-11, 日本経済新聞社, 1994
年)) は，大宇が政府から多数の「不実企業」の経営権を引受けたことを，
「大宇グループは猛烈な買収作戦を展開した」とし，その一つとして，玉浦
造船所の経営権の引受けをあげている。だが，玉浦造船所の経営権の引受け

過程からは，大韓造船公社㈱の経営権は引き渡さずに玉浦造船所の建設を推進させたい政府と大韓造船公社㈱の経営権と発電設備事業への参入を画策する財閥との利害関係が一致しなかった。その結果，大宇が朴正熙大統領によって，その経営権を半ば強引に引受けさせられたということが明らかになった。

　大宇は「新興財閥」であり，経営基盤が安定しておらず，その企業活動には政府との良好な関係の構築が必要であった。そのためにはこうした望まざる「不実企業」の経営権の引受けも必要であったと考えられる。これまで，大宇の「不実企業」の経営権の引受けに関して，朴正熙大統領との縁関係を念頭に置いた分析によって，大宇が朴正熙大統領との縁関係によって，恩恵を受けてきたという側面が強調されてきたが，「不実企業」の経営権の引渡し過程には，政府と財閥との相互利害関係，そして，財閥間の「不実企業」の経営権の引受ける巡る争いがあり，こうした過程を分析することは，政府と財閥との関係性を探るうえで必要なことだと考える。

第3項　大宇造船工業の設立と政府の支援条件

　こうして，玉浦造船所の経営権を引受けることとなった大宇は，1978年9月26日に大宇造船を設立し，1978年10月31日に玉浦造船所の建設を再スタートさせた。そして，金宇中が「私は引受けることができないとしたのだが，政府がこれもそれもしてくれるとしたので引受けたのだが……（以下，略）」[40]と述べているように，その引受けには，同企業を正常に経営していくためのいくつかの支援条件が約束された。

　最初の支援条件は，大宇造船に対する大宇と韓国産業銀行との共同出資である。これは，大宇側の金利負担を減らすための措置であった。当初の決定は，大宇が319億ウォン以上を出資すること（引受け代金138億ウォン現金決済），韓国産業銀行が319億ウォン出資すること（現金出資195億ウォン，出資転換124億ウォン）であった[41]。当初の出資比率は大宇が51％，韓国産業銀行が49％であった。

表－5　玉浦総合機械工業団地事業概要

1975年5月時点（単位：億ウォン）

主生産品	所要資金 （投入実績）	担当会社 （建設期間：年）	備考
船舶，海上plant鉄鋼	1,498（830）	大宇造船（73～80）	進度60%
タービン，ジェネレーター	561（50）	大宇BBC（79～88）	合作51：49
ボイラー	47（0）	大宇BABCOCK（80～81）	合作50：50
			富平工場に移転予定
ガイブ	97（0）	大宇ITT（79～80）	合作投資認可申請中
産業機械	50（0）	大宇重工業（80～81）	
計	2,203（930）		

出典：産業支援部基幹製造産業本部自動車造船チーム（編）『대우조선의 옥포조선소인수 경위（大宇造船の玉浦造船所引受け経緯）』（1988年，大韓民国国家記録員所蔵，管理番号DA0047888，通番0011）。

　次の条件は，玉浦造船所周辺の総合機械工業団地化である。当時は1983年ごろまで造船不況が続くことが予想され，大宇が玉浦造船所を正常に経営していくためには造船業以外の業務を請け負う必要があり，そのための決定であった。1978年10月2日の第40回経済長官会議で発電設備事業を通じた業務量の確保と事業の多角化のために玉浦造船所の総合機械工業団地化推進原則が決定された[42]。そして，同年11月6日の第45回経済長官会議で，商工部が作成した総合機械工業団地化計画が承認され，その方針が正式に決定された[43]。この決定では，1983年までの造船不況が予想されるため，表－5のように，造船所内またはその周辺に発電設備，ボイラー，パイプ，冷凍機，産業機械工場を設置して，総合機械工業団地化をすることによって造船施設の稼働率を上げるとのことであった[44]。そして，これらの事業に必要とされる資本金の70%を国民投資基金[45]で支援をすることも決定された。

　そして，この玉浦造船所周辺の総合機械工業団地化計画の中の重要事業の一つが発電設備事業であった。以下で，発電設備事業の展開について見ていくこととする。

　発電設備事業は，元々は現代洋行が一括して請け負っていた事業であった。現代洋行とは，現代から分離独立した鄭仁永（Chung In-yung）が創設し

た漢拏グループ（Halla Group）の中核企業である。鄭仁永が現代から独立した背景には兄弟間の闘争があり，現代洋行に対抗して現代がその事業に参入しようとしたものであった。

　現代は同事業に参入するために，まず，原発1号‐2号機工事を受注したアメリカのウェスティングハウスとイギリスのGECなどと技術提携を行った。そして，韓国政府に対して，発電所の性能保障と建設単価を減らすためには，競争入札方式で建設すべきであると提案したのである[46]。そして，この現代の提案が政府に受け入れられて競争入札が実施されると，現代の予想どおりにウェスティングハウスが，原子炉の工事を受注することとなった。現代洋行は，ウェスティングハウスのライバル会社であるアメリカのカムバースチャンエンジニアリング（CE）と提携しており，ウェスティングハウスがライバル会社と提携を結んでいる現代洋行との工事を拒否した。こうした事態を受けて，韓国政府は現代を発電設備事業に参加させなければならない状況となったのであった。こうして，現代の発電設備事業への参加を許可した政府は，他の財閥企業の参入も認めざるを得なくなり，1978年11月8日には，現代洋行，現代，三星，大宇が参加する四元化の方針が打ち出されたのであった。

　しかし，1979年になると，この発電設備事業が重化学投資調整措置の対象となった。重化学投資調整措置とは，政府の重化学工業育成政策によって，特定の分野に技術や投資が集中している状況を打開しようと行われたものである。朴正煕政権時代に，経済開発計画が推進され，高度成長と重化学政策を追求した結果，韓国は工業基盤の構築に相当な成果を収めた。だが，重化学工業分野に過度な設備投資をしたことにより，不足していた資本と技術を分散させ，金融面でも短期間内に競争力を期待することが難しい一部の事業に偏重して政策金融が全体金融の80％を占めるという副作用が生じた。このような偏重した金融の余波で，中小企業と一部競争力がある軽工業が施設合理化などを通じて，競争力を培うことができず，政策金融が果たさなければならない機能が果たせておらず，投資の効率面でも深刻な問題を引き起こし

ていた。このような問題を解決するために，韓国政府は投資調整作業を行ったのである。そして，1979年5月25日に経済安定化のための統合施策の一環で発電設備分野を中心とした重化学工業分野全般に対する投資調整作業に着手したというものであった。当時の発電設備事業は，機械工業の華といわれた部門であり，機械工業を営む多くの企業がその参与を望んでいた。市場規模は韓電の電源開発計画上では，年2,000MW前後であったが，同設備工場の経済規模は500MWであり，建設中，または計画中の設備能力は内需規模の4〜5倍に達しており，参与企業が重複・過剰投資状態にあった[47]。このような状況を打開するために，現代が現代洋行に増資投資して統合して一つのグループになり，大宇と三星が相互投資，または統合して一つのグループになるという，二元化計画が示された。この措置では，当初の約束どおり

表 - 6　大宇造船造船株式会社　受注状況（1979〜1980年）

年	月日	内容
1979	9.26	22,500トン級の化学タンカー4隻受注。1隻当たり4,540万ドル（Westfal Larsen, Norway）
	10.5	化学製品運搬船設計用役締結（2001〜2004）
	12.5	カーボンブラックプラントを受注（製鉄化学）
1980	3.1	固定火力発電所 Turbin/Generator 製作工事受注
	5.9	国内初の半潜水式ボーリング船2隻受注（Reading & Bates, USA）
	7.2	Wolsung 原子力発電所用部品製作供給
	7.15	液化炭素貯蔵タンク受注（韓国炭酸）
	9.5	大宇 ITT カントリークレーン受注
	10.8	14万トン級の積荷運搬船1隻受注
	10.15	半潜水式ボーリング船1隻受注（Benline Steamers Ltd. England）
	10.31	半潜水式ボーリング船1隻受注（Santafe, USA）
	11.6	石油ボーリング船1機受注（ADCO, England）
	11.27	オイルポンピングユニットを受注（Maxwell Energy Equipment Co. USA）
	12.8	12万8000万トン級定期タンカー1隻を受注（Anders Jahre A/S, Norway）

出典：大宇造船海洋『玉浦造船所：信頼と熱情の30年：1973-2003（옥포조선소：신뢰와 열정의30년：1973-2003）』（大宇造船海洋，2004年，pp. 396-398）を参考に作成。

に，大宇造船が発電設備事業に参与することが決定され，総合機械工業化計画も継続して推進することが決定された[48]。

そして，重化学投資調整措置の後の1979年9月の経済長官会議では，大宇造船の業務量確保のために高亭3，4号基と原子力9，10号基を随時契約によって，Turn-key baseで大宇造船に発注することが決定され，これらの受注をこなすために，金宇中はスウェーデンのブラウンボビネーとの技術提携により，発電設備の施設であるタービンとジェネレーターの設備工事に着手した[49]。更には，1979年1月29日に，大宇はアメリカの多国籍企業ITTと投資と技術導入の契約を締結した[50]。こうして，大宇造船が正常に経営していくための条件が整えられた。そして，表-6で示したように，海外からも次々と受注し，大宇造船は1億940万ウォンの純利益を出した。

こうして，政府から玉浦造船所の経営権を引受けて，大宇造船の経営を開始した大宇であった。だがその後，1980年代後半にかけて，大宇造船の経営状態が急速に悪化して行くこととなる。その要因を第2章で検証していくこととする。

注
（1）　鄭章淵『韓国財閥史の研究　分断体制資本主義と韓国財閥』（日本経済評論社，2007年，p. 72）。
（2）「김종필증언록 소이부답〈20〉"도둑질도 해 본 놈이 잘하지 않소" 남궁련 '구속 실업인 석방' 요구 … JP "해외 보내 한 건씩 물어오게 하자"（金鍾泌証言録笑而不答〈20〉『盗みをしてみたやつが上手だというじゃないですか』南宮錬『拘束実業家釈放』要求…JP『海外に送って一件ずつ聞いてくるようにしよう』」『インターネット版中央日報』2015年4月17日（http://news.jpins.som/article/17607919，2020年11月20日最終閲覧）。
（3）　鄭章淵，前掲書，p. 74。
（4）　今野昌信「朴政権の経済開発計画にみる市場戦略」（『高崎経済大学論集』第54巻第1号，2011年，p. 5）。
（5）「김종필증언록 소이부답〈20〉"도둑질도 해 본 놈이 잘하지 않소" 남궁련 '구속 실업인 석방' 요구 … JP "해외 보내 한 건씩 물어오게 하자"（金鍾泌証言録笑而不答＜20＞『盗みをしてみたやつが上手だというじゃないですか』南宮錬『拘束実業家釈放』要求…JP『海外に送って一件ずつ聞いてくるようにしよう』」『イ

ンターネット版中央日報』2015年4月17日（http://news.jpins.som/article/
17607919,2020年11月20日最終閲覧）。

（6）　大宇実業は創業からわずか1年後の1968年，インドネシアの市場で大宇のナイロ
ンやトリコット地が売れたことが評価され「輸出の日大統領賞」を受賞している。

（7）　鄭章淵，前掲書，p. 276。

（8）　この個人的な繋がりというのは，「物理博士である（申善浩）の一番上の兄であ
る申殷浩と親しい関係にあったサウジ王子の助けが大きく作用した」という説
や，「元企業の元吉男と手を組んだため」という説などがある。だが，申善浩はこ
うした説を否定している。

（9）　1975年12月25日に政府より「不実化」していた新進アルミニウムの経営権を引
受けた。その後，1976年8月には栗山建設を設立し，同年の輸出実績は4,300万ド
ルに達した。そして，1977年になると，さらに多くの「不実企業」の経営権を引
受けたり企業を新設したりした。1977年7月から12月までの間に京興物産，栗山
重工業，栗山総合ターミナル会社，栗山海運，栗山エンジニアリングの経営権を
引受けたり，新設したりし，同年の輸出実績は1億6,500万ドルに達した。1977年
12月5日に設立した栗山海運は，栗山財閥の資金を一切使わずにソウル信託銀行
から年利9％の低利輸出金融10億ウォンの貸し出しを受けて設立した企業であっ
た。1978年には栗山実業が総合貿易商社に指定された。そして，1978年にも，韓
国PRCホテル内蔵山，栗山電子，栗山製靴，光星皮革，有信観光など6つの企業
の経営権を引受けたり，新設したりすることで更に事業を拡大させた。

（10）　「〔한국경제비화㊶〕율산실업 신선호 사건（〔韓国経済の秘話㊶〕栗山実業申善
浩事件）」『租税金融新聞』2019年11月23日（http://www.tfmedia.co.kr/news/
article.html?no=7589，2020年1月14日最終閲覧）。

（11）　同上。

（12）　同上。

（13）　国会『재무위원회 회의록 제101회（5차）（財務員会会議録第101回（5次））』
（p. 7）。

（14）　国会『재무위원회 회의록 제101회（6차）（財務員会会議録第101回（6次））』
（p. 18）。

（15）　石崎菜生「第2章　韓国の重化学工業化政策―開始の内外条件と実施主体―」
（『研究双書（464）／韓国・台湾の発展メカニズム』アジア経済研究所，1996年，
pp. 65-86，p. 67）。

（16）　同上，p. 68。

（17）　石崎菜生「韓国の重化学工業化政策と『財閥』」（『研究双書（508）／発展途上
国の国家と経済』第1章，アジア経済研究所，2000年，pp. 17-58，p. 36）。

（18）　同上，p. 37。

（19）　裵錫満「1970年代初頭現代グループの造船工業参入過程の分析―韓国経済開発
期における国家と民間企業の役割に関する再検討―」（『現代韓国朝鮮研究』第7
号，現代韓国朝鮮学会，2007年，pp. 24-44，p. 27）

(20) 1978年2月に現代重工業株式会社に商号が変更された。

(21) 水野順子「韓国における造船産業の急速な発展」(『アジア経済』24号12巻, アジア経済研究所, 1983年, pp. 56-75, p. 57)。

(22) 裵錫満, 前掲, p. 26。

(23) 同上, p. 25。

(24) 「民営化3番打者는 造船公社 (民営化3番打者は造船公社)」『毎日経済』1968年3月14日。

(25) 裵錫満, 前掲, p. 27。

(26) 産業支援部基幹製造産業本部自動車造船チーム (編)『대우조선의 옥포조선소 인수 경위 (大宇造船の玉浦造船所引受け経緯)』(1988年, 大韓民国国家記録院所収, 管理番号 DA0047888, 通番0001)。

(27) 同上。

(28) 産業支援部基幹製造産業本部自動車造船チーム (編)『대우조선의 옥포조선소 인수 경위 (大宇造船の玉浦造船所引受け経緯)』(1988年, 大韓民国国家記録院所収, 管理番号 DA0047888, 通番0013)。

(29) 「玉浦造船所三星서인수 (玉浦造船所三星が引受け)」『東亜日報』1978年7月15日。

(30) 「資金조달 안돼玉浦造船所건설에 어려움 겪어 (資金調達ダメ玉浦造船所建設を困難にする)」『京郷新聞』1978年6月27日。

(31) 京郷新聞『巨塔의 內幕：四大財閥總帥의 經營秘訣 (巨塔の内幕：四大財閥総帥の経営秘訣)』(京郷新聞社出版局, 1982年, p. 167)。

(32) 「새주인맞은 玉浦造船 大宇그룹 인수 배경……그언저리 (新しいオーナーを迎えた玉浦造船大宇グループの引受け背景……その周り)」『毎日経済』1978年9月1日。

(33) 石崎菜生, 前掲, p. 40。

(34) 鄭正佶・清水敏行訳「大統領のリーダーシップ—朴正熙・全斗煥・盧泰愚政府の経済政策管理 - (1)」(『札幌学院法学』第21巻第2号, 札幌学院大学総合研究所, 2005年, pp. 574-592, p. 577, p. 582)。

(35) 「現代서인수玉浦造船所 (現代が引受け玉浦造船所)」『東亜日報』1978年8月19日。

(36) 大宇造船海洋『옥포조선소：신뢰와 열정의 30년：1973-2003 (玉浦造船所：信頼と熱情の30年：1973-2003)』(大宇造船海洋, 2004年)。

(37) 同上。

(38) 石崎菜生, 前掲, p. 48。

(39) 京郷新聞, 前掲, pp. 167-168。

(40) シン・ジャンソプ『김우중과의 대화 아직도 세계는 넓고 할 일은 많다 (金宇中との対話まだ世界は広くやることは多い)』(ブックスコープ, 2014年, p. 114)。

(41) 産業支援部基幹製造産業本部自動車造船チーム (編)『대우조선의 옥포조선소 인수경위 (大宇造船の玉浦造船所引受け経緯)』(1988年, 大韓民国国家記録院所

収，管理番号 DA0047888，通番0001)。

(42)　産業支援部基幹製造産業本部自動車造船チーム（編）『대우조선의 옥포조선소 인수경위（大宇造船の玉浦造船所引受け経緯)』(1988年，大韓民国国家記録院所収，管理番号 DA0047888，通番0002)。

(43)　産業支援部基幹製造産業本部自動車造船チーム（編）『대우조선경영 정상화 방안 논의의 경과（大宇造船経営正常化方案論議の経過)』(1988年，大韓民国国家記録院管理番号 DA0047889，0163)。

(44)　産業支援部基幹製造産業本部自動車造船チーム（編）『대우조선의 옥포조선소 인수 경위（大宇造船の玉浦造船所引受け経緯)』(1988年，大韓民国国家記録院所収，管理番号 DA0047888，通番0010)。

(45)　国民投資基金は1974年12月14日に制定された国民投資基金法に基づき設立された機関である。重化学工業建設の所要資金を確保するために国内資金の総動員を図り，集めた資金で低金利長期貸付の「無限金融配合」を実施するというものである。

(46)　朝鮮日報経済部著・鶴眞輔訳『韓国財閥25時　経済発展の立役者たち』（同友館，1985年，pp. 47-48)。

(47)　同上。

(48)　産業支援部基幹製造産業本部自動車造船チーム（編）『대우조선의 옥포조선소 인수 경위（大宇造船の玉浦造船所引受け経緯)』(1988年，大韓民国国家記録院所収，管理番号 DA0047888，通番002)。

(49)　京郷新聞，前掲書，p. 169。

(50)　大宇造船海洋，前掲書，p. 397。

第2章　全斗煥政権下の大宇

　大宇が政府から玉浦造船所の経営権を引受けた直後の1979年10月26日，朴正煕大統領が暗殺され，その政権が崩壊した。朴正煕政権崩壊後の韓国では，民主化を期待する声が高まっていた。18年間にも及ぶ軍事独裁政権により経済こそ成長したものの，国民の自由は奪われ，自由を主張すれば弾圧されるという状況が続いていた。こうした背景から，朴正煕政権が崩壊すると，自由を求める国民が民主化運動を展開した。しかし，こうした国民の願いは受け入れられるどころか，朴正煕政権の崩壊後に政権を握ったのはまたも軍部であった。当時の政治権力は，朴正煕政権末期に国務総理を務めていた崔圭夏に渡っていた。しかし，崔圭夏大統領の政治権力はその基盤が弱く，1980年5月の「光州事件」を機に全斗煥が実質的には政治権力を握った状態であった。全斗煥は崔圭夏政権時代に国軍保安指令官であったが，その後中央情報部長代理に就任し，「光州事件」後の1980年5月31日，国家の機能を代行する国家保衛非常対策委員会（以下，国保委）を設置したのであった。最終的には，1980年8月16日に崔圭夏政権が崩壊し，同年9月1日に全斗煥が正式に大統領に就任した。全斗煥大統領は，民主化を求める国民の非難をかわすために「真の民主福祉国家」を建設することを掲げ，民主主義の土着化などを国民に訴えた。このように全斗煥大統領は民主化をアピールしたが，実際には独裁的な政治が展開された。

　そして，全斗煥が大統領に就任した1980年の韓国経済は，朴正煕政権発足以来，初めての実質成長率のマイナスを記録するほど低迷していた。このように経済が低迷するなかで，全斗煥大統領は実質的には軍事クーデターにより政権を握ったことから，国民から政権の正当性を認めてもらうためにも，

経済を立て直す必要に迫られていた。

　朴正煕政権下で実施された重化学工業化政策が破綻を迎えるなかで，全斗煥政権は重化学投資調整措置や，9.27措置，公正取引法の制定などの経済改革を行った。こうして，政権の交代により経済政策の方針が転換されたことが，大宇造船の経営に大きな影響を与えた。というのも，経済政策の方針転換により，大宇が玉浦造船所の経営権を引受けた際の支援が条件通りに行われなくなってしまったのである。

　これについては，金宇中はシン・ジャンソプ『김우중과의 대화　아직도 세계는 넓고 할 일은 많다 (金宇中との対話　まだ世界は広くやることは多い)』（ブックスコープ，2014年）で以下のように主張している。

> 　（大宇造船の経営状況の悪化の原因は）大部分は金融費用のせいですよ。政府と韓国産業銀行が約束を守らなかったからです。私が（玉浦造船所の経営権を）引受けることができないとしたのを政府がこれやそれやしてあげるといったから引受けたのに，その次は何もしてくれなかったのです。朴大統領が死去して申鉉碻（Sin Hyeon-hwak）氏が副総理兼経済企画院長官になった後，「過剰投資」だとして，全部逆に行ったのです。
> 　（대부분 금융비용 때문지요. 정부와 산업은행이 약속을 지키지 않으니까요. 나는 (인수) 하지 못한다고 하던 것을 정부가 이것저것 해준다고 해서 맡았는데, 그 다음에 아무것도 안했어요. 박 대통령이 서거하고 신현확 씨가 경제부총리가 되고 난 뒤 (우리가 하는 것을) '과잉투자' 라면서 전부 거꾸로 간 거지요.）[1]

　政権が交代し，政府の政策が新たに策定される中で，玉浦造船所を完成させ，大宇造船の経営を正常化するための政府からの支援が行われなかったというのが大宇側の主張である。以下で，大宇造船の経営状態悪化の要因を多方面から検討していく。

第1節　大宇造船工業の経営状態の悪化の原因

第1項　共同出資者韓国産業銀行の出資比率の減少

　まずは，共同出資者であった韓国産業銀行の出資比率の減少について考察する。先述のように，大宇が玉浦造船所の経営権を引き受けて大宇造船を設立する際に，大宇の金融負担の軽減のために，韓国産業銀行が共同出資を行うことが決定していた。ここで韓国産業銀行とは，日本統治時代に設立された朝鮮殖産銀行（Chosun Siksan Bank）がその原点である。1953年12月31日に交付された「韓国産業銀行法」に基づいて朝鮮殖産銀行は韓国産業銀行となった。韓国産業銀行は，政府系開発金融機関として，電力，ガス，水道などの産業インフラ整備や輸出産業をはじめとする基幹産業の育成に寄与してきた。そして，朴正熙政権による重化学工業化政策が実施されるようになると，政府の要請を受けた韓国産業銀行は，長期産業資金の融資や内外資金借入の債務保証などの業務を請け負うこととなった。その韓国産業銀行と大宇が共同出資をすることになっていたのである。

　表−7を見ると，1978年には大宇と韓国産業銀行が51対49の比率で互いに出資したことがわかる。そして，翌年の出資比率は50対50となっているが，朴正熙政権崩壊後の1980年を境として韓国産業銀行側の出資比率は減少し始

表−7　大宇と韓国産業銀行の年度別出資状況

		1978	1979	1980	1981	1982	1983	1984	1987
大宇	出資額（億ウォン）	130	275	506	616	816	931	1,081	4,081
	出資比率（％）	51	50	53	58	64	67	52	67
産業銀行	出資額（億ウォン）	125	274	449	449	449	449	999	1,999
	出資比率（％）	49	50	47	42	36	33	48	33
合計		225	549	955	1,065	1,265	1,380	2,080	6,080

出典：産業支援部基幹製造産業本部自動車造船チーム（編）『大宇造船の玉浦造船所引受け経緯（대우조선의 옥포조선소인수 경위）』(1988年，大韓民国国家記録員所蔵，管理番号 DA0047888，通番号0002)。

めている。韓国産業銀行は，朴正煕政権時代にはその出資比率を守っていた
ものの，朴正煕政権が崩壊するとすぐにその出資比率を下げ始め，1983年に
は最低を記録している。そして，1982年から1985年まで世界的な造船不況に
見舞われ，多額の出資を必要としたのだが，韓国産業銀行は1980年から1983
年まで一貫して449億ウォンの出資しか行っていない。1987年には，韓国産
業銀行の出資比率が大幅に減少しているが，これは，1987年に大宇造船で大
規模な労働争議が発生したことがその要因として考えられる。この労働争議
によって，同企業が所有する工場が操業停止になる事態が起きており，大宇
造船の負債が増大したのである。結果的にその出資比率は減少したが，1978
年には125億ウォンの出資額が1987年には1,999億ウォンに跳ね上がってお
り，韓国産業銀行側の出資比率の割には，出資負担は巨額になっていたので
ある。

　この韓国産業銀行との共同出資に関して，「引受け当時に，大宇グループ
と韓国産業銀行の出資持分率を79年末の持分率である51：49で継続すると合
意していた」[2]というのが大宇側の主張であった。その一方で，財務部と韓
国産業銀行側は当初から出資の持ち分率の維持に対する合意はなかったと主
張した[3]。

　このように，両者の主張に食い違いが見られるのだが，当時の資料には，
大宇と韓国産業銀行の持ち分比率が継続されるものなのかどうかについての
記述が見られない。そこに記されているのは，韓国産業銀行が319億ウォ
ン，大宇側が319億ウォン以上の出資を行うということのみである。した
がって，どちらの主張が正しいのかについての判断が困難である。これに関
して，金宇中は「新しい政権が成立し，人が全て変わったので，『なぜ，約
束を守らないのだ』と抗議をする人もいなくなってしまった。それに争いた
くもないし，争う相手もいないから……（以下，略）」[4]と述べている。玉浦
造船所の経営権を引受けた当時の関係部処の長官は，副総理兼経済企画院長
官は南悳祐，財務部長官は金龍煥，商工部長官は崔珏圭であり，全斗煥政権
が成立した1980年の関係部処の長官は，副総理兼経済企画院長官は申鉉碻，

財務部長官は李承潤（Lee Syng-yun），商工部長官は徐錫俊（Seo Yang-jun）であり，大宇が玉浦造船所の経営権を引受けた際と変わってしまったのである。そのため，大宇が玉浦造船所の経営権を引受ける際に取り付けた約束事項が守られていないにもかかわらず，抗議すらできなかったというのが金宇中の言い分である。

　また，新政権と争うことは，大宇の企業活動に悪影響を与える可能性もあり，新政権と争うことも望まなかったとしている。先にも述べたように全斗煥政権下では，1985年に大統領の指示によって国際が解体された。国際は，日海財団への寄付の出ししぶりなどにより大統領との関係が悪化し，その結果，大統領の意思によって意図的に解体されたということであった。1993年に行われた憲法裁判にて，当時全斗煥大統領の指示によって財務部が断行した国際の解体措置は，憲法の枠を外れた不当な公権の行使であり違法だとの憲法裁判所の決定が出ている。したがって，全斗煥政権時代，韓国財閥は大統領との良好な関係構築が必要であったといえるだろう。

　韓国産業銀行の出資比率の継続が約束事項であったかどうかの判断はできないが，政権が交代したことで，同企業と韓国産業銀行との共同出資に関する約束事項が曖昧になったことはわかる。そして金宇中は，これまで良好な関係を築いてきた朴正熙政権が突如として崩壊したことで，新たな政権との関係構築を図らなければならない状況にあった。そのような状況の中で，新政府と争うことは，その後の企業活動に影響する可能性を含んでいた。

　そして，大宇造船の経営状態が著しく悪化して行き，1987年8月になると，大宇側は大宇造船の不渡りを防ぐための提案を韓国政府に行った。その提案の内容は，大宇と韓国産業銀行がそれぞれ3,000億ウォンずつの負債清算用の増資を行うこと，そして，この増資によっても清算されない負債については外資を投入する，というものであった[5]。政府側はこの提案の内容に同意し，これにより大宇造船の負債は清算される見通しとなった。しかし，韓国産業銀行はこの合意に従わなかったのである。韓国産業銀行はわずか1,000億ウォンの増資しか行わなわかったため，大宇側が5,000億ウォンの

増資を行わなければならなくなり，大宇側の資金負担が大きくなった⁽⁶⁾。大宇造船に対する出資に関しては，政権の交代により，韓国産業銀行との共同出資に関する決定事項が曖昧になったこと，そして韓国産業銀行が大宇造船への出資額を増額しなかったことが大宇造船の経営悪化の一因となった。

第2項　発電設備事業参入に関する約束不履行問題

　次は，大宇が玉浦造船所の経営権を引き受けた際の条件の一つであった玉浦造船所周辺の総合機械工業団地化計画についての不履行問題である。先述のように，大宇が玉浦造船所の経営権を引受けて大宇造船を設立する際の支援条件として，発電設備事業への参与が決定していた。そして，朴正熙政権下では1979年の5月25日に行われた重化学投資調整措置により，大宇が発電設備事業に参与することが決定していた。しかし，その直後に朴正熙政権が崩壊し，その後実質的な政治権力は全斗煥を中心とする国保委が握った。そして，その国保委によって重化学投資調整措置が行われた。これが1980年8月19日のことである。

　全斗煥は，国保委として政治権力を握った当初から，朴正熙政権下で巨大化した財閥の規制を行う姿勢を見せていた。そして，財閥規制の一環として，9.27措置，26財閥の系列企業整理，公正取引法の制定などの政策と共に，重化学投資調整措置を行ったのである。

　1980年8月19日の重化学投資調整措置は，朴正熙政権時代に行われた重化学投資調整措置と同じく，財閥資本が重化学工業分野，特に製造業設備への投資に過剰・複重投資が行われていることを背景として実施された。1980年8月19日の重化学投資調整措置では，発電設備事業と自動車工業の投資調整が行われた。その際行われた措置内容は以下の通りである。

　　①　現代洋行の軍浦工場を包括した昌原総合機械工場と大宇の玉浦総合機械工業団地を一つの法人に統合して大宇グループが責任を持って経営するようにすると同時に，発電設備と建設重装備の生産を一元化することにより，近いうちにこれらの工場が正常稼動できるようにすること。

（現代洋行의 軍浦工場을 包含한 昌原綜合機械工場과 大宇의 玉浦綜合機械工団을 1個法人으로 統合 合併하여 大宇그룹이 責任지고 經營토록함과 同時에 発電設備와 建設重装備의 生産을 一元化하므로써 빠른 時日内에 이들 工場들이 正常稼働할 수 있도록 하였으며.）

②　自動車分野にかかわる既存の現代自動車とセハン自動車を一つの法人に統合合併して，現代グループが責任を持って経営することとし，起亜産業に対しては重車両生産専門業体として育成することにより，急速な技術革新で日増しに軽量化・低公害車両化・前輪駆動化・燃料低消費車両化している自動車産業の世界的な発展に対応出来る技術開発体制の早急な確立と経済生産規模化に依した，原価節減などを実現して，国際競争力を高めて近いうちに韓国の輸出主要産業として育成できるようにすること。

（自動車工業分野에 있어서는 既存 現代自動車와 새한自動車를 1個法人으로 統合하여 現代그룹이 責任지고 經營토록하며, 起亞産業에 対하여는 重車輛生産専門業体로 育成하므로써 急速한 技術革新으로날로 軽量化・低公害車輛化・前輪駆動化・燃料消費車輛化하고 있는 自動車産業의 世界的인 発展推勢에 副応할 수 있는 技術開発体制의 早速한 確立과 経済生産規模化에 依한 原価節減等을 実現하여 国際競争力을 높여 빠른 時日안에 우리의 輸出主宗産業으로 育成될 수 있도록 하였으며.）

③　一方，この措置で新たに合併される法人は現代グループと大宇グループがそれぞれ責任を持って経営することによって，重複投資と過当競争，技術の分散を阻止し，堅実な国際企業として成長できるように不実経営に対して政策金融の過度な負担要因を軽減させるようにするようにしました。

（한편 이措置로 새로이 合併된 法人은 現代그룹과 大宇그룹이 各各 責任지고 經營하므로써 重複投資와 過当競争, 技術의 分散을 막아 健実한 国際企業으로 자랄 수 있도록 하여不実経営에서 일어나는 政策金融의 過多한 負担要因을 軽減시키도록 하였읍니다.）

④　これからも重化学工業分野事業のなかで投資効率が低い事業は果敢に延期したり，または取り消したりして，重電機器，ディーゼルエンジン，そして電子交換システムなど，その他の過剰投資事業は企業合併または企業間協業を通じて分野別で専門化されるように業界の自発的な努力を期待し，必要な場合には政府が介入することをこの機会にあわせて明らかにしておくところです。

（앞으로도 重化学工業分野事業中에 投資効率이 적은 事業은 果敢하게 延期하거나 또는 取消케 하며 重電機器, 디젤엔진 그리고 電子交換 시스템等 其他의 過剰投資事業은 企業合併 또는 企業間 協業을 通하여 分野別로 専門化가 이루어질수 있

도록 業界의 自發的인 努力을 期待하며, 必要한 경우에는 政府가 介入할 것임을 이機會에 아울러 밝혀두는 바 입니다.)[7]

　この措置では, 発電設備製作と建設重装備生産に関する軍浦工場を含む現代洋行の昌原総合機械工場 (以下, 昌原工場) と造船を含む玉浦総合機械工業団地を統合して大宇に一任すること, 自動車産業に対しては現代とセハン自動車を統合して現代に一任し, 起亜産業は乗用車生産を中断することが決定された。この重化学投資調整措置で発電設備事業が統合されることになった背景として, 政府は現代洋行の昌原工場が抱えている構造的な問題点と二元化した場合の両者に対する政府の支援能力の限界をあげている。

　この時点では, 大宇が玉浦造船所の経営権を引受ける際に朴正煕政権と約束した発電設備事業を任せるという条件が守られる形となった。しかし, この決定は大宇が望んだものではなかった。というのも, 全斗煥は, 重化学投資調整措置の実施前である1980年8月1日に現代の総帥, 鄭周永と金宇中を商工分科会に呼びつけ, 発電設備事業と自動車産業との二つの事業のなかで, どちらかの事業を選択することを2人に強要し, それに対する両者の意向を聞いたという[8]。そして, その両者が同席する場で, 金宇中は, 発電設備事業は現代に任せて, 大宇は自動車産業を選択したいという旨を要請した。それに対して, 現代の鄭周永は, 金宇中のこの要請内容の受け入れを拒否し, 現代も大宇と同様に発電設備事業を放棄して, 自動車産業を選択するとしたのである[9]。大宇は, 玉浦造船所の経営権を引受ける直前に, 韓国政府からセハン自動車の経営権を引き受けて自動車業を本格化する計画をしていた。そのため, 当時の大宇の経営戦略の中心であった自動車産業を選択したと考えられる。だが, 全斗煥は大宇の要請を棄却し, 現代の要請を受け入れたことにより, 大宇が発電設備事業を請け負い, そして現代が自動車産業を請け負うこととなった。

　それではなぜ, 現代側の要望が受け入れられる形になったのだろうか。この決定には, 現代洋行が抱える問題が関係していたと考えられる。先述したように, 現代洋行は現代から独立してできた漢拏グループ (以下, 漢拏) の中

核企業である。1979年5月25日の重化学投資調整措置では，現代が現代洋行を統合することとなっていたが，双方が特典要求と既に投資した分に対する代価を要求したことにより，統合作業が遅れていた。そして，1979年11月28日の経済長官会議では以下の六点が合意されたという。

① 現代は1980年4月15日までに現代洋行側との生産問題を包括して昌原工場を引受けるために諸般所要措置を完結すること。（適期に引受けが完了するために政府も積極的に協力すること）

（現代ユ룹은 80.4.15일까지 現代洋行側과의 生産問題를 包含하여 昌原工場을 引受키 위한 諸般 所要措置를 完結함.）（適期에 引受가 完了되도록 政府도 積極協助함）

② 現代と韓国産業銀行は1980年4月20日までに新会社を設立して現代洋行の昌原工場の引受けを完了するようにすること。

（現代ユ룹과 韓国産業銀行은 '80.4.20일까지 新 会社를 設立하여 現代洋行 昌原工場을 引受完了토록 함.）

③ 新設法人の授権資本金は，1,000億ウォンにして，会社設のために最初に払い入れる資本金規模は500億ウォンにすること。

（新設法人의 授権資本金은 1,000億원으로 하고, 会社를 設立을 위한 最初 払入資本金 規模는 500億원으로 함.）

④ 韓国産業銀行と現代の出資比率は，各45対55とし，韓国産業銀行と現代は，第一項の清算措置などが完結し次第，即時出資比率に該当する資金を払い入れること。

（産銀과 現代ユ룹의 出資比率은 各45対55로 하며 産銀과 現代ユ룹은 第1項의 生産措置 등이 完結되는 即時 出資比率에 該当하는 資本金을 払入함.）

⑤ 新会社設立と同工場建設に所要する韓国産業銀行の出資方法は，現代洋行に対する貸し出し金を出資転換することが原則であり，具体的な内容は建設工程に従って資金需要を勘案，主務当局が財務部と現代間に別途協議支援をすること。

（新会社設立및 同 工場 建設에 所要되는 産銀의 出資方法은 現代洋行에 対한 貸出金을 出資転換함을 原則으로 하되, 具体的인 内容은 建設工程에따른 資金需要를 勘案 主務当局인 財務部와 現代ユ룹 側間에 別途協議支援함.）

⑥ 物資供給者対して，現在未払い中である代金決済について，現代はブリッジローン[10]を通じて1980年3月22日までに所要措置を行い，遅くとも1980年3月末までに全ての支払い措置を完了するようにすること。

（物資供給者에 対하여 現在 未払中에 있는 代金決済를 為하여 現代그룹은 Bridge Loan을 通하여 '80.3.22일까지 所要措置를 取하, 늦어도 '80.3월末 까지는 모든 支払措置를 完了토록함.)[11]

　しかし，現代と現代洋行の統一は，兄弟間の対立を克服しなければならないという私的な問題を含み，さらに遅れることも懸念された。こうした点から見ても，全斗煥は，現代洋行が請け負っている発電設備事業を大宇に一任するという措置をとったということは妥当な判断であったと考えられる。

　また，表－8にまとめたように，全斗煥が政治権力を握った1980年時点では，現代が資産規模で韓国財閥のトップの座についていた。後にソウルオリンピックの誘致の際にも活躍するように，当時の現代の経済力は巨大であったことから，全斗煥政権にとっても必要な経済力であったと考えられる。

　こうした経緯で，大宇が発電設備事業を引受けることになったにもかかわらず，発電設備事業が黄金の市場と呼ばれる市場であったことを背景として，韓国国民や財界からはこの決定が，大宇に対する政府の特恵だという批判的な声が聞かれるようになった。

表－8　1980年度の10大財閥ランキング

順位	財閥名
1	現代
2	ラッキー（現 LG）
3	三星
4	鮮京（現 SK）
5	大宇
6	双龍
7	暁星
8	国際
9	韓進
10	大林

出典：朴炳潤『財閥と政治（財閥과　政治）』（韓国日報，1982年，p. 336），1981年5月4日付け『京郷新聞』を参考に作成。

そのため，全斗煥は1980年8月25日に商工長官および国保委，委員長招請懇談会を開き，大宇，現代の乗用車分野・発電設備分野の重化学投資調整措置に関して，その背景を説明した。そして，これから他の分野に関しても，過剰投資などの問題が発生するとすれば，直ちに政府が介入し，国際競争力を強化するための統廃合を推進するとの説明を行ったが，当時の財界は，上記のような説明では不十分であるとして納得しなかったという(12)。この1980年8月19日の国保委の重化学投資調整措置により，国保委も金宇中も世論の批判を浴びる結果となった。

朴正煕政権下で巨大化した韓国財閥は，韓国の経済成長を牽引して来たが，一方では，社会悪の温床，または，不道徳の象徴のように認識されてきたのである(13)。発電設備事業は，韓国国民には重化学工業の華と認識されていた。たが，実際には大宇が玉浦造船所の経営権を引受けた際の引受け条件の一つであったこと，資金繰りの面では莫大な資金を必要とし，引受ける企業側にとっては苦痛もともなうものでもあった。発電設備事業の引受けに当たっては，負の側面も存在するにもかかわらず重化学工業の華という認識のもと，それを引受けた大宇に批判が集中したのであった。

このような状況の中で，金宇中は大宇に対する批判的な世論を交わすために私財200億ウォンを社会に還元すると発表した。この発表は，当時の社会世論が，金宇中自身による弁解にもかかわらず，日に日に厳しくなって来る状況に対応するための措置であったという(14)。金宇中は，大宇に一任された発電設備分野を正常化するために，自身が住んでいる自宅を除いた大宇実業および，系列会社の株式など160億ウォン，不動産40億ウォンなど合わせて200億ウォンを社会に還元すると発表した。その際金宇中は，「今日の状況が企業と企業家にとって所有という貪欲より，経営重視の新時代に合うように転換する時点だ」と述べている。今後は，そのような認識から経営者としての活動に専念することを示すために，金宇中は私財を全額社会に差し出すという方針を打ち出したとされている。当時の韓国財閥は，大宇に限らず，企業又は公共性などの社会重視ではなく，経営者とその家族の利益を優先す

る経営体質であった。このような韓国財閥の経営体質に対して，世論は批判的であった。この金宇中の私財還元は，こうした世論の批判をかわすものであった。しかし，金宇中によるこの意思表示に対して財界からは「資本主義の原理を無視した軽率な決定だ」[(15)]，として更なる批判を呼んだ。その一方で国民のなかには発電設備製事業へのより大きな支援を狙った，対政府用のジェスチャーではないかという見方をするものも現れ，金宇中に対する更なる批判を呼んだのである。

　その後，大宇による発電設備事業の一元化後の補完対策の形成過程で，その経営の正常化のためには莫大な資金が必要だということが判明した。そして，長い議論の末，政府，韓国産業銀行，外換銀行が現代洋行に追加出資して，資本金3,800億ウォン規模の公社を設立して，設立した公企業（韓国重工業）の経営権を大宇の金宇中が引受けるはずであった[(16)]。しかし，その企業の公共性を考えてという理由から，11月27日に韓国重工業を国営企業である韓国電力の系列企業にして，その韓国電力の金栄俊（Kim Yeong-jung）社長が韓国重工業の社長を兼任することとなった[(17)]。

　この発電設備事業の公企業化について，鄭章淵『韓国財閥史の研究　分断体制資本主義と韓国財閥』（日本経済評論社，2007年）では「（発電設備事業の経営権の）引受けに際して大宇が法外な政府支援を要求したため，結局，政府は3,600億ウォンを出資して，韓国重工業を公社化してしまったのである」（p.218）と述べている。しかし，産業支援部基幹製造産業本部自動車造船チーム（編）『대우조선의 옥포조선소 인수 경위（大宇造船の玉浦造船所引受け経緯）』（1988年，大韓民国国家記録院所収，管理番号DA0047888，通番0034）には，「設立した公企業は当初大宇の金宇中会長がその経営権を引受けることになっていた」と大宇の公企業（韓国重工業）の引受けが決定事項であったと明記されていること，更には先に述べたように大宇への一元化後の補完対策の過程で，経営の正常化のために莫大な資金が必要だということが判明したという経緯からも，大宇側から法外な政府の支援を要求したという理由から公企業化されたとは考えにくい。政府が大宇に対して3,800億ウォンもの支援をするこ

とは，国民から特定の財閥への特恵支援だと批判を受ける可能性もあった。
そこで，公企業化することで，政府は発電設備事業への出資を正当化しよう
としたと考えられる。そして，その後金宇中が設立された公企業の経営権を
引受けるはずであったが，公企業であるにもかかわらず，民間人である金宇
中がその経営権を引受けるのは，政府がその公共性を考えてという理由から
白紙撤回してしまったのである[18]。

　一方，現代が引受けることとなった自動車設備事業に関しては，外国の合
作先との関係などによりその作業が難航した。そして，結局は自動車，バ
ス，8トン以上のトラックなどは現代とセハン自動車の競争体制で行うこ
と，起亜が1〜5トンのトラックを担当すること，東亜が特装車のみを生産
することが1981年2月28日に決まった[19]。結局は両事業共に，全斗煥の方
針通りには進まなかったのであった。

　こうして，発電設備事業が国営化されたことにより，結果的には，大宇造
船は造船業専業度が90％を超える経営構造を有する，造船専門の企業体と
なった。造船業界は1982年から世界的な造船不況に見舞われ，1985年にはそ
の不況がピークに達した。当初の支援条件が履行され，事業の多角化に成功
していればこれほどまでに造船不況の影響を受けることはなかったと考えら
れる。

第3項　大規模な労働争議の発生

　そして，三つ目の大宇造船の経営状態の悪化の要因として労働争議をあげ
ることができる。韓国では朴正煕政権時代から，直接的な労働抑圧，労働組
合の統制，労働運動の規制など，徹底した労働統制が行われてきた[20]。特
に，1962年から始まった経済開発計画は，政府主導型開発計画で，低賃金お
よび長時間労働を強いるものであった[21]。なかでも韓国の造船業は低価格
を売りとし，その価格の低さは豊富な労働力と低賃金に依存していた。表
-9を見ると，韓国の造船業における時間当たりの賃金は2.16ドルであり，
他国と比べると時間当たりの賃金が非常に低いことがわかる。この低賃金が

表 − 9　1979年における各国の造船業の時間
当たりの賃金

(US ドル)

国名	時間当たり賃金
韓国	2.16
スペイン	5
日本	6.18
西ドイツ	7.34
オランダ	6.62
スウェーデン	8.59

出典：李英泰「造船工業 의 最近動向 과 施設擴張方向（造船
工業の最近の動向と施設拡張方向）」（『調査月報』307，韓
国産業銀行, pp. 1 -22, 1981年, p. 9) を参考に作成。

　韓国の造船業の発展を支えていたが，労働者の不満は募る一方であった。

　全斗煥政権下では，朴正煕政権崩壊により民主化の声が高まる中で，労働
運動の規制強化と労使協調の推進が行われた。だが，全斗煥政権下では労働
争議は非合法として規制され，労働者の権利を主張することすら難しい状況
が続き，朴正煕政権時代の労働環境とそれ程変化は見られなかった。

　全斗煥政権下では毎年年末に翌年の春闘の前に「賃金ガイドライン」を政
府が提示して，主取引銀行を通じて個別企業を監視してこれを超えた賃上げ
を行った企業に対しては金融支援を中断する制裁を加えた[22]。そして，こ
れは1970年代に強力な「維新」体制を築いた朴正煕政権でさえ，1973年末に
第 1 次石油危機対策として米価と賃金の据置きを指示したことを除いては，
全く行ったことのない労使関係への直接介入であった[23]。全斗煥政権が民
主主義の実現をその政策に掲げているにもかかわらず，労働統制が厳しく
なったことを背景として，1984年頃から労働運動が頻繁に行われるようにな
り，激しさを増した。

　そして1985年になると，その労働争議は大宇自動車，現代重工業などにお
いて大規模化し，更に長期化の様相をみせた。当時，韓国国内の多くの企業
で労働条件が悪化しており，労働争議の要求の内容は主に労働条件の改善を
求めるものであった。賃金体系に関していえば，1980年及び1981年の賃金上

昇率は，それぞれ－4.2%，－0.5%とマイナスを記録し，その後，上昇はしたものの低賃金体制であることに変わりはなかった[24]。また，賃金の問題だけではなく，労働環境も悪く，労働災害の発生率も高い水準となっていた。

　一方で，労働者がこうした労働環境の悪い条件のもとで働くなかで，他方では経営者や企業側に資金が蓄えられているという事態が生じていた。特に，一般的に見れば財閥企業でその傾向が強く，財閥企業で働く労働者たちが労働争議を頻繁に起こすようになった背景には，以下のようなものがあったと思われる。すなわち第一に，働いて企業が大きくなっても，その富は経営者にしか渡らないという労働者側の現実認識と，そのような状況に対する労働者からの強力な不満があったということである。そして第二に，労働者側が，そのような労働条件の改善を求めようとしても，経営者側によって労働組合の結成や労働争議を妨害され，労働者の権利すら主張することができないという労働現実が作用したのではないかということである。

　このように，労働争議が頻発するなかで，政治権力を握った全斗煥政権は，1980年代後半には労働統制を緩和させていったものの，それでも労働者側が自由に労働環境の改善を訴えることができるような状況ではなかった。こうして，韓国国民と多くの労働者の不満が高まっていく中で，「警察によるソウル大生拷問死亡事件」や全斗煥大統領による「改憲棚上げ措置」が行われると，軍事政権に対する国民の反発が最高潮に達していた。そして，この状況を打開するために全斗煥政権は，民主正義党（以下，民正党）の代表委員であった盧泰愚に「民主化宣言」を行わせ，民正党の政権を何とか維持しようと画策したのである。なお，「民主化宣言」の概要は以下のとおりである。

一，私の構想は大統領閣下に建議する予定で，党員や国民の支持を受けて具体的に実現させる決意である。
一，与野党合意の下，早急に大統領直接選挙制への改憲を実施し，新憲法による大統領選を通じ，来年2月に平和的な政権移譲を実現する。
一，議院内閣制がわが国の民主主義定着のため最も望ましい制度であるとい

う私の考えに変わりはないが国民の多数が望まない制度は国民から遊離
するだけで，この時点で社会的混乱を克服するためには，大統領直接選
挙制を選ばざるを得ないとの結論に至った。

一，改憲は制度の変更だけでなく，自由な出馬と公正な競争が保障される内
容でなければならない。

一，国民的和解と大団結を図るため，金大中氏は赦免・復権されなければな
らないし，反国家犯や傷害致死犯ら少数の者を除き，一連の情勢で拘束
された政治犯も釈放する必要がある。

一，人間の尊厳は一層尊重しなければならず，政府は人権侵害事例のないよ
う留意すべきだ。

一，言論人の大部分の批判の的となっていた言論基本法は，大幅に修正する
か廃止しなければならない。国家安全保障を阻害しない限り，言論は制
約を受けてはならない。

一，改憲手続きにかかわらず，地方議会の設置は予定通りに進めなければな
らない。大学の自治も保障する必要がある。

一，私は憂国忠情から出たこの構想が，大統領閣下と民正党党員はもちろ
ん，全国の声援で花咲くことになると確信する。万一この提案が貫徹さ
れない場合，民正党の大統領候補と代表委員を含むすべての公職から辞
任することを明白にしておく。[25]

　この盧泰愚の「民主化宣言」により，軍事政権による抑圧から解放された
国民と多くの労働者は，民主化を推し進めようとさまざまな形で行動に出て
いた。それが具体的な形として現れたのが，民主化運動や労働争議であっ
た。表－10を見ると1987年のストライキ発生件数は，前年の10倍以上となっ
ている。そこでは，「民主化宣言」が国民に与えた影響の大きさ，そして，
韓国労働者がどれだけ軍事政権下で抑圧された環境下に置かれていたかとい
うことがわかる。

　このような政治的にそして，経済的にも困難な状況のなかで，大宇造船で
も労働争議が頻発し，操業がたびたび停止する事態が起きた。大宇造船の最
も大きな労働争議は，1987年8月の「大宇造船事件」である。

　1987年8月19日から20日にかけて，大宇造船では賃上げを求める2,000人
規模の街頭デモが大宇造船の労働者によって行われていた。1987年といえ

表－10　ストライキの件数とその原因

(単位：件)

	ストの件数	賃金未払い	賃上げ	休・廃業	解雇	不当労働行為	労働条件の改善	その他
1986年	276	46	75	11	34	16	48	44
1987年	3,749	45	2,629	11	51	65	566	382
1988年	1,876	59	946	20	110	59	136	543
1989年	1,616	59	742	30	81	10	21	673
1990年	322	10	167	6	18		2	117

出典：金洪梅「韓国政治における「労働者政治勢力化」の問題—1987年から1992年までの労働者と指導部間の乖離を中心として」(『九大法学』第88号，九大法学会，2004年，p. 197) を参考に作成。

ば，大宇造船内に労働組合が設立された年である。これに対して，大宇造船側が無期限の操業中止の措置を取ると発表したのだが，これに反発した大宇造船の労働者約1,500人がさらに同企業の会社の前でデモを行った。それに対して，会社側は労働者側の反発を押し切り，無期限の休業に入ったのであった。この無期限の休業措置に対して，労働者は激しく抵抗し，会社側と労働者側の対立が一層激しくなった。

　このような状況の中で大宇造船のデモに参加していた労働者の1人が，機動隊と衝突した際に死亡したのである。これが「大宇造船事件」である。これは，当時の韓国国内における労働争議での初めての死亡者であり，この事件は，韓国国内の労働者や学生の不満を一気に爆発させる契機となった。そしてそれは，大宇造船の労働者以外の全国労働者や学生のデモへの参加を誘発し，大宇造船内の労働争議を更に混乱させる状況へと追い込んだのである。

　この労働争議により，大宇造船は操業が停止し，製造も中断された。表－11を見ると，1987年から1988年にかけて売り出し金額が2,095億ウォンも減少している。また，労働争議による賃金の引き上げも，大宇造船の経営状態の悪化の要因となった。大宇造船で大規模な労働争議が起きた1987年は24.2％，1988年は25.3％の賃金引上げ率となっており，こうした大幅な賃金の引き上げも同社の経営悪化の一因となった。

　以上，大宇造船で発生した大規模な労働争議が，同社の利益を大きく縮小

表 - 11　大宇造船工業の労働争議の影響

(単位：億ウォン)

区分	1987年7月 労働争議	1988年4月 労働争議	合計
追加費用負担（損失増加）	204	338	542
人件費	114	180	294
経費	36	78	114
営業外費用	54	80	134
売出減少	940	1,155	2,095

出典：産業支援部基幹製造産業本部自動車造船チーム（編）『대우조선경영 정상화 방안 논의의 경과（大宇造船経営正常化方案論議の経過）』（1988年，大韓民国国家記録院管理番号 DA0047889，通番0174）。

させ，その財務状態を著しく悪化させたことは明らかであろう。

第4項　その他の要因

　そして，これまで見てきた大宇造船の経営状態の悪化に関する主な要因のほかに，産業支援部基幹製造産業本部自動車造船チーム（編）『대우조선 경영 정상화 방안 논의의 경과（大宇造船経営正常化方案論議経過）』（1988年，大韓民国国家記録院管理番号 DA0047889）では，以下の要因も指摘されている。

　まずは，施設への投資負担の過重である。造船建設の長期化にともない，大宇は玉浦造船所の建設に膨大な資金の投資が必要となった。通常の造船建設にかかる資金は1,500億ウォンであるが，玉浦造船所の建設の場合，1次総合竣工時までに2,950億ウォンの投資が必要となり，1,450億ウォンも多くの資金を投資しなければならなかった。また，1次竣工時以降にも第2次ドックなど，追加の施設投資に5,891億ウォンの投資が必要となり，大宇の玉浦造船所の建設に関連した投資の負担が大きくなり，これも大宇造船の経営状態悪化の一因となったとのことであった。

　次は，造船景気不況に伴う船舶の価格の下落と受注量の低調である。商工部は，世界的な造船工業の不況に伴い，新造船建造の国際的な価格が下落したこと，そして大宇造船の受注物量の確保が難しくなったことが大宇造船の

表 − 12　年度別新造船価格の変動と受注量推移

（単位：百万ドル，千G/T）

区分	1979年	1980年	1981年	1982年	1983年	1984年	1985年	1986年	1987年	1988年
VLCC（210K 級）	45	57	68	48	46	42	36	41.5	45	58.5
B.C（60K 級）	26	30	29	19	18	16.5	15	16.5	21	27.3
大宇造船の受注量	43	213	240	832	1,172	404	171	1,157	1,295	672

出典：産業支援部基幹製造産業本部自動車造船チーム（編）『대우조선경영 정상화 방안 논의의 경과（大宇造船経営正常化方案論議の経過）』（1988年，大韓民国国家記録院管理番号 DA0047889, 通番0170）。

経営状態の悪化の要因となったとしている。

　1982年から始まった世界的な造船不況により，国際的な船の価格が持続的に下落し，1985年には1980年〜1981年の船の価格の50％〜60％まで下落した。また，莫大な固定施設の維持に伴って，固定費の負担，建造資金の回収差別の発生，発注所の仕様変更とクレーム発生などで巨額の不良債権が発生しながら，運転資金が固定化されて，短期高利資金に対して借入依存度が深刻化していったとのことであった。

　そして，もう一つは，金融借入と利子支給負担の過重である。商工部は，大宇造船は，施設への投資のための設備資金と赤字累積の補填のための運転資金を調達するため，金融借入の拡大で利子支給が増え，経営収支に圧迫されることになったとしている。表 − 13を見ると，1987年12月の時点で463.2％であった負債比率が，わずか1年間で1517.7％にまで増加している。更には，金融借入に伴う利子負担だけでも，年間約1,500億ウォンに達しており，大宇造船の経営状態悪化の主な要因となっているとしている。

　そして，最後はU.S.Lines倒産に因る資金負担の過重である。これは，アメリカの海運会社であるU.S.Linesが倒産したことにより，大宇造船がU.S.Linesに建造引き渡した12艘のコンテナー船の建造代金5億5,570万ドルのうち1億560万ドルの回収が1986年7月から不可能になるにともない，大宇造船は輸出保険の支給を受けた船舶建造資金の貸出金を償還する必要が生

表 - 13　大宇造船工業の財務状態

（単位：億ウォン，%）

年月日	資産総計	負債総計	資本総計	資本金	負債比率
1987年12月 1 日	16,968	13,955	3,013	6,080	463.2
1988年 6 月 1 日	15,979	13,867	2,113	6,080	656.6
1988年12月 2 日	14,318	13,432	885	6,080	1517.7

出典：産業支援部基幹製造産業本部自動車造船チーム（編）『大宇造船経営 正常化 方案 論議の 経過（大宇造船経営正常化方案論議の経過）』（1988年，大韓民国国家記録院管理番号 DA0047889，通番0171）。

じた。しかし，韓国の輸出保険基金の残額が不足しており，輸出保険基金の支給が難しく，それに伴って，大宇造船が輸出貸出金の元利金を代納しているため，同社の資金負担が更に加わったとのことであった。1986年 7 月から1989年 6 月における大宇造船の代納金額は590億ウォンであった。

　以上，大宇造船の経営状態の悪化は，政権交代による同企業への支援条件の不履行と，労働争議が大きな要因となったことが明らかになった。全斗煥政権時代の大宇造船を巡る上記の経過を見ると，当時は韓国政府も韓国財閥も世論を無視できない状況下に置かれ，政権運営も企業経営も世論に左右されながら行われてきたことを指摘したい。

注
（1）　シン・ジャンソプ『김우중과의 대화 아직도 세계는 넓고 할 일은 많다（金宇中との対話まだ世界は広くやることは多い）』（ブックスコープ，2014年，p. 114）。
（2）　産業支援部基幹製造産業本部自動車造船チーム（編）『대우조선의 옥포조선소 인수 경위（大宇造船の玉浦造船所引受け経緯）』（1988年，大韓民国国家記録院所収，管理番号 DA0047888，通番0003）。
（3）　同上。
（4）　シン・ジャンソプ，前掲書，p. 114。
（5）　韓仁燮「韓國의産業化過程에 있어서國家役割 變化에關한研究—大宇造船 正常化方案을中心으로—（韓国の産業化過程における国家の役割変化に関する研究—大宇造船正常化方案を中心に—）」（『ソウル大学校　行政大学院1991年度行政修士学位論文』ソウル大学大学院，1991年，p. 32）。
（6）　同上。
（7）　産業支援部基幹製造産業本部自動車造船チーム（編）『대우조선의 옥포조선소 인수 경위（大宇造船の玉浦造船所引受け経緯）』（1988年，大韓民国国家記録院所

収，管理番号 DA0047888，通番0020-0021）。

（8）　鄭章淵『韓国財閥史の研究　分断体制資本主義と韓国財閥』（日本経済評論社，2007年，p. 218）。

（9）　同上，p. 285。

（10）　ブリッジローンとは，新しいファイナンスを行うまでの橋渡しとしての短期融資のことである。ブリッジローンは，M&A（合併・買収）においては，投資銀行や商業銀行などが買収企業に対して行う短期融資のことを指す。

（11）　産業支援部基幹製造産業本部自動車造船チーム（編）『대우조선의 옥포조선소 인수 경위（大宇造船の玉浦造船所引受け経緯）』（1988年，大韓民国国家記録委院所収，管理番号 DA0047888，通番0033-0034）。

（12）　「財界갈증은 못 풀어（財界の渇きは解決できず）」『京郷新聞』1980年8月25日。

（13）　「大宇그룹 金宇中회장 個人財産 社會환원（大宇グループ金宇中会長個人財産社会還元）」『毎日経済』1980年8月29日。

（14）　「金宇씨 私財200억 社會환원（金宇中氏 私財200億社会還元）」『京郷新聞』1980年8月29日。

（15）　朝鮮日報経済部著・鶴眞輔訳『韓国財閥25時　経済発展の立役者たち』（同友館，1985年，p. 128）。

（16）　産業支援部基幹製造産業本部自動車造船チーム（編）『대우조선의 옥포조선소 인수 경위（大宇造船の玉浦造船所引受け経緯）』（1988年，大韓民国国家記録院所収，管理番号 DA0047888，通番0034）。

（17）　同上。

（18）　同上。

（19）　産業支援部基幹製造産業本部自動車造船チーム（編）『대우조선의 옥포조선소 인수 경위（大宇造船の玉浦造船所引受け経緯）』（1988年，大韓民国国家記録院所収，管理番号 DA0047888，通番0035）。

（20）　佐野孝治「韓国における経済成長と民主化―労使関係を中心に」（『商学論』第64巻3号，福島大学経済学会，1996年，pp. 1-34，p. 9）。

（21）　梁先姫「韓国財閥の歴史的発展と構造改革」（『四天王寺国際仏教大学紀要，第45号』四天王寺国際仏教大学紀要編集委員会編，2007年，pp. 101-129，p. 114）。

（22）　梶村秀樹「〈研究ノート〉80年代韓国の労働経済と労働政策：労働争議同時多発の背景～」（『経済貿易研究：研究所年報（神奈川大学経済貿易研究）』神奈川大学，1988年，pp. 101-109，p. 106）。

（23）　同上。

（24）　経済企画院『主要経済指標』（1987年）。

（25）　「核心24時／韓国“陣痛”超え民主化へ一歩“ナンバー2”盧代表「非常な覚悟」収拾案肌で感じた国民要求大統領直接選挙でも勝算」『中日新聞』1987年6月30日。

第3章　盧泰愚政権下の大宇

　全斗煥政権の末期，全斗煥は「改憲棚上げ措置」，「ソウル大生拷問致死事件」などにより，韓国国内から非難が集中していた。そこで，このままでは政権の維持が困難だと考えた全斗煥は，当時，民正党の代表委員であった盧泰愚に「民主化宣言」を発表させ，国民に対して民主化に向けた政治姿勢をアピールした。その後韓国では16年ぶりに行われた直接選挙制による大統領選挙で盧泰愚が当選を果たした。ここから，韓国における本格的な民主化が始まる。韓国が民主化に向かう中で，経済集中が深化していた財閥と，その財閥を擁護してきた政府に対する国民の不満も最高潮に達していた。だが，数十年間に渡って行われてきた軍事独裁政権の中で，国内の経済力のほとんどを財閥に頼ってきたため，盧泰愚政権による経済政策でも，韓国財閥の経済力が必要であった。そのため，財閥規制の姿勢を見せながらも，財閥との癒着関係が断ち切られることはなかった。

第1節　大宇造船工業の経営破綻問題の発生

　盧泰愚政権成立後，大宇は大宇造船への金融支援を要請した。しかし，政府はその要請を拒否する姿勢を見せた。民主化を掲げて成立した盧泰愚政権は，前政権との財閥に対する姿勢の違いを国民に見せなければならない状況にあったためであると考えられる。

　韓国では，一般的に企業が不実化して資金負担能力がない場合は，不渡り処理をして清算整理をすることが原則である[1]。これまで，倒産処理が行われた企業は多くないものの「不実企業」が生じた際には，企業主の経営責任

を問うという意味で，事業主体を変更して正常化を図るという前例が多かった。したがって，大宇造船に対しても，倒産処理を行うか，その事業主体を変更し経営の正常化を図るということが妥当な方法であった。そのため，韓国政府が同企業に対して金融支援を行うことは，特定の財閥企業への特恵支援だとして韓国国民から批判が起きる可能性が十分に考えられた。特に，当時は新政権が成立した直後であり，政権の正当性を国民に示すという観点からも，大宇造船に対する金融支援を拒否する姿勢を見せなければならなかった。その支援については，当時の韓国政府部内でも議論があった。すなわち，商工部では，「政府が支援を行う場合，民間企業に対する政府介入と支援の同時縮小を立てている現時点では国民の説得が大変なだけではなく，農家の負債や中小企業の支援問題等との平等性を考慮すると，特定財閥企業に対する特恵支援だという誤解を払拭することが大変だ」[2]との主張が支配的であった。要は，大宇造船に金融支援を行った場合，特定企業に対する政府支援をしたことが，政治的問題化することが，商工部を中心に懸念されていたのだ。

　そして，一方政府は世論の反発だけではなく，他の財閥企業からの反発も懸念していた。「韓国国内では他の造船所も経営難に直面しており，不実化の程度が最も甚大な大宇造船に対してのみ，適正水準以上の政府支援を施して，競合他社よりも正常化を助けるような境遇を作り出すことは，結果的には自由競争体制を政府が歪曲させることにより，民間造船業界の反発を刺激することになる」[3]というものであった。造船業界は，1982年に世界的な不況が始まり，1985年までその造船不況が続いた。表 - 14に示したように，その影響を受けたのは他の企業も同様あった。

　したがって，大宇造船のみに金融支援を行えば，他の企業からの反発が起きることが予想された。このように，韓国政府は世論と財閥からの政府に対する批判を考慮すると，大宇造船への金融支援は困難な状況であった。そのため，韓国政府は大宇造船への金融支援を拒否する姿勢を見せた。しかし，その水面下では，同企業に対する金融支援の是非に関する検討が始められて

表-14　1987年　造船業界経営実態

（単位：億ウォン，万G/T）

区分	大宇造船工業	現代重工業	三星重工業	大韓造船公社㈱
資本総計	3,013	4,908	609	−2,545
・納入　資本金	6,090	1,768	1,400	333
負債総計	13,955	8,820	8,250	6,127
・金融機関借入金	12,347	3,839	5,693	4,170
売出額	4,378	9,630	5,570	2,438
・建造量	78	117	27	17
営業利益	−478	−258	501	−369
営業外収支	−869	264	−595	−571
支給利子	1,503	722	871	668
・売出額対比（％）	34.3	7.5	15.6	27.4
換差益	327	507	149	15
当期純利益	−1,455	0.3	−92	−2445

出典：産業支援部基幹製造産業本部自動車造船チーム（編）『대우조선 경영 정상화 방안 논의의 경과（大宇造船経営正常化方案論議の経過）』（1988年，大韓民国国家記録院管理番号DA0047889，通番0153）。

いた。これが1988年10月上旬のことであった。当時は経済企画院，財務部，商工部，韓国産業銀行など四つの関係機関の局長級実務会議と長官会議を通じて，大宇造船への金融支援問題の解決に対する議論が進められた。

　そして，韓国政府は「現時点では大宇造船問題の処理は微妙な両面性を持っており，政府が支援をしても，不支援原則を固守しても問題を誘発する可能性を持っている」との見解のもと，1988年11月８日の実務会議で，大宇造船の財務構造と経営状態に対する現状分析と共に，同社の整理方針，法定管理方針，第三者による引受け方針，自助努力と政府の支援による正常化方針など，検討可能な全ての選択肢に対する検討を始めた[4]。

第２節　大宇造船工業への支援を巡る議論

　まず，第三者による引受けについては，資金力がある企業に引受けさせる

選択肢もあるとしながらも，大宇造船の DOCK 構造が超大型であるという点が難点であるとされた。超大型 DOCK で構成されている大宇造船は，造船景気によって，効果的な施設の減縮が困難であり，これにしたがって業種の多角化など，造船専業度を下げることが難しく，その経営に制約をかける要因となることが，他の企業が同企業を引受ける際の難点であるとのことであった(5)。また，大宇造船は 1 兆4,000億ウォンもの負債を抱えており，このような企業の引受けを希望する企業が見つからないだけではなく，他の企業が引受けた場合でも，政府の同社への支援規模は変わることはないとの予想であった。更には，先述したように，大宇造船内では，大規模な労働争議が頻発しており，他の財閥がその経営権を引受けても，労使関係の問題が解決する見通しが立たず，同企業の経営を正常化させることが困難であることが予想された。こうして，大宇造船が第三者に引き渡されることはなかった。

　次に，法定管理についてである。会社整理法第240条第 2 項による債務凍結は保証人に対する効力を及ぼしかねず，系列社間相互債務履行保証にしたがって，大宇造船の借入金中 1 兆1,052億ウォンが系列企業負債で転嫁される問題が発生する。その場合，系列企業は一時に巨額の資金負担が発生し，グループ企業の不渡り処理と連結して，勤労者の大量失業と経済への衝撃など大宇造船の倒産処理と同一の結果が起きることが憂慮されるとのことであった(6)。そのため，法定管理という選択肢も採用されなかった。

　そして，会社を整理するという選択肢についてであるが，先述したように，一般的に企業が不実化して資金負担能力がない状況では，不渡り処理をして清算整理をすることが原則である。そのため，この方法での処理が世論を納得させる妥当な方法であった。だが，韓国政府は倒産処理をした場合，財閥への特恵支援だという批判的な世論が発生しないとしながらも，「大宇造船が倒産した場合に国民経済と政治，社会的に及ぼす衝撃が至大である」(7)との見解を示した。国民経済への影響については，⑴ 関連中小企業の連鎖不渡り憂慮，⑵ 従業員の大量失業に従う社会問題の発生，⑶ 地域経問

題の誘因，(4) 韓国の造船業の対外信用の失墜，(5) 金融・資本市場の混乱の予想が予想された[8]。

(1)の関連中小企業の連鎖不渡りに関しては，大宇造船が倒産した場合，造船運用機資材を納品する関連中小企業約390社の連鎖不渡りが憂慮されるとのことであった。(2)，(3)については，大宇造船が倒産した場合だけでも，同社の従業員約1万2,500人とその下請企業の従業員約1万9,000人が失業し，従業員の家族までを勘案すると約9万4,500人の生計に影響する問題であり，深刻な社会問題が起きるとの見解であった[9]。特に，巨済，釜山地域の失業増加と全般的な景気の停滞が発生し，同地域の深刻な経済問題が国内の造船企業体の経営安定化と予測可能性に対する対外信用が低下し，対外新規受注に悪影響を与える可能性があり，特に大宇造船の受注残額（1988年12月末現在で8億ウォン）の建造に失敗した場合には，更に大きい悪影響を及ぼすことが予想された[10]。(5)については，大宇造船が倒産した場合，金融機関の一時的な巨額損失の発生が不可避であり，資本市場にも相当な衝撃が与えられると予想された。大宇造船の関連金融機関の予想損失額は，同企業の与信担保不足額7,083億ウォンと韓国産業銀行の欠損額1,999億ウォン，そして勤労者賃金債権転嫁予想額630億ウォンを含めると9,700億ウォンであり，大宇のグループ全体の経営が不実化した場合には，大宇のグループ全体の与信担保不足額が5兆1,000億ウォンとなり，金融恐慌までもが憂慮された[11]。

そして，以上の(1)から(5)に加えて，更に考慮しなければならなかったのが，大宇のグループ全体に与える影響であった。韓国財閥は，系列企業同士が債務保証を行っており，大宇も同様であった。

表－15　大宇造船に対する保証債務規模

（単位：億ウォン）

㈱大宇	大宇重工業	大宇電子	計
11,052	4,804	309	11,052

出典：産業支援部基幹製造産業本部自動車造船チーム（編）『大宇造船 経営 正常化 方案 論議의 経過（大宇造船経営正常化方案論議の経過）』（1988年，大韓民国国家記録院管理番号 DA0047889，通番0184）。

産業支援部基幹製造産業本部自動車造船チーム（編）『대우조선 경영 정상화 방안 논의의 경과（大宇造船経営正常化方針案論議の経過）』（大韓民国国家記録院管理番号 DA0047889，通番0178，1988年）によると，大宇造船が倒産した場合，大宇造船に対する系列社と金宇中の支給保証に対する債務の履行要求が発生し，表－16に示した1988年末の支給保証内訳によると，株式会社大宇（以下，㈱大宇）が1兆1,052億ウォンで一番多く，この次が大宇重工業と大宇電子株式会社（Daewoo Electronics）で重複支給保証を行っており，金宇中氏も個人連帯保証をしている。また，保証債務の内，大宇造船が自力で解決可能な金額は約5,000億ウォン規模であり，大宇のグループ系列社の支給保証の債務の履行の必要額は約6,000億ウォン規模にものぼるとのことであった[12]。

このような事態が起きた場合，大宇の系列社の自助努力により緊急資金の造成が必要であるが，現実的には巨額の資金を一時的に調達することが不可能であり，連鎖倒産をする可能性が高いというのが韓国政府の見解であった[13]。この国民経済に与える衝撃の大きさを懸念したことは，先に述べた通りである。

ところで，韓国政府は大宇造船の倒産処理を行うに当たって「国民経済と政治，社会的に及ぼす影響は大きい」として，国民経済に与える影響については詳細に分析，検討が行われているが，政治的に及ぼす影響についての対策については商工部レベルの資料では見出すことができない。

ここでいう政治的影響というのは，大宇造船が軍需産業の分野を担っているということや，当時の大宇がすでに資産規模で韓国第2位の大財閥であったことから，大宇造船が経営破綻してグループ全体が連鎖倒産すれば，韓国の金融市場が混乱することが予想され，そのような場合には対外信用も失墜すること等が考えられる。さらに，もう一つここで取り上げたいのが韓国の対共産圏外交との関連性である。

第3節　大宇造船工業への金融支援と対共産圏外交 との関連性の検討

　大宇が大宇造船の経営破綻問題を抱えていた頃，一方では，「大宇とハンガリーと電子合作」[14]，「（大宇が）ハンガリーと2社合作社合意」[15]など，大宇がハンガリーとの大規模な合作事業に合意したとの報道が世間を騒がせていた。そのため，グループの中核企業の経営破綻問題を抱えた状態で，大規模な投資を行うことに疑問の声も聞かれていた。特に，大宇造船に共同出資を行っている韓国産業銀行は「大宇グループの相次ぐ海外投資計画に関連して，事業の妥当性は認定しているが，大宇造船問題が完全終了するまでは海外投資を承認しない」[16]との見解も示していた。つまりは，金宇中のハンガリーとの合作事業の合意と大宇造船の経営破綻問題は，切り離して考えられるものではなかった。だが，韓国政府は，大宇のハンガリーとの合作事業に関して，言及することもなく，大宇造船に対する金融支援の是非を検討していたのである。ここで，大宇造船への金融支援問題と，ハンガリーとの合作事業との関連性について考察していくこととする。

第1項　韓国の対共産圏外交

　金宇中が大規模な投資を行おうとしていたハンガリーは，1980年代の韓国の対共産圏外交において重要国の一つであった。まずは，以下で韓国の対共産圏外交について見ていくこととする。

　韓国の対共産圏外交は，朴正煕政権時代から始まっていた。1960年代の韓国は，西ドイツのハルシュタイン原則に従い，北朝鮮と外交関係を持つ国家とは外交関係を持たないという政策を堅持した[17]。反共を国是に掲げた朴正煕政権であったが，米ソ間のデタントや西ドイツの「東方外交」などの影響もあり，その姿勢に変化が現れた。1973年6月23日に朴正煕大統領が6・23平和統一外交宣言を発表し，南北朝鮮の国連加盟に反対しないと述べると

共に「全ての国家に門戸を開放する」として，北朝鮮と国交を持つ国家との外交関係の樹立も排除しないとの姿勢を示した。これが，韓国における対共産圏外交の源流である。しかし，大きな成果は得られないまま，朴正熙大統領が暗殺されて同政権は崩壊した。

　その後，政治権力を握ったのは全斗煥であったが，同政権下では，ソウルオリンピックの開催が決定したこともあり，対共産圏外交をより一層推進することなる。

　ソウルオリンピックの開催が決定したのは1981年9月30日のことであった。同オリンピックの誘致は，1979年に朴正熙大統領が暗殺される直前に承認されたものであった。そして，当時の朴正熙大統領は同オリンピックの招致の目的について「韓国の経済成長と国力を誇示する」こと「共産主義国や非同盟諸国と外交関係を結ぶための有利な条件作り」だと述べたという[18]。つまりは，朴正熙政権時下では，対共産圏外交の一環として1988年オリンピックの誘致計画が進められていた。

　そして，朴正熙政権が崩壊し，その後政治権力を握った全斗煥も朴正熙と同様に1988年オリンピックの招致を進めた。国際社会が冷戦下にあった当時，韓国が北朝鮮との外交競争を優位にするという意味でもソウルでのオリンピックの開催は重要だった。韓国は，当時の有力候補の一国であった日本の名古屋との誘致競争に向けて，当時の現代の会長であった鄭周永を韓国の五輪招致委員会の委員長に指名し，鄭周永をはじめとする韓国の実業家たちが広く海外を飛び回り，各国の五輪組織委員会のメンバーと会食しながら支持の取り付けを図ったといわれている[19]。特に，鄭周永は数百万ドルを使用し，態度を決めかねている代表団に現金などを提供して支持を取り付けるなど，ソウルオリンピックの誘致で活躍したとされている[20]。そしてその結果，1981年9月30日，西ドイツ（現・ドイツ）のバーデン＝バーデンで開かれた第84回国際オリンピック委員会総会でライバルの名古屋に27対52の大差で勝利し，その開催権を獲得した。

　そして，その誘致に成功した全斗煥政権は当初の目的どおり，ソウルオリ

ンピックを通じて外交関係を持たない共産圏諸国との外交関係の構築を目標
として掲げた。それは，ソウルオリンピック開催決定直後の10月2日に行わ
れた1982年度施政方針演説でも示されている。全斗煥大統領は，非同盟諸国
との実質的な協力関係の増進にも尽くすとともに，6・23平和統一外交宣言
の基本精神にしたがって，われわれと理念と体制を異にする国々に対しても
引き続き門戸開放政策を推進していくとして，共産圏諸国との外交関係構築
の方針を示した。また，同年12月1日の大統領演説では外交関係樹立の前段
階として共産圏諸国との交易拡大が望ましいとした。こうして，全斗煥政権
の対共産圏外交は，初期の段階では，交易を通じて行われることとなった。
そして，この交易の分野で活躍することになるのが韓国財閥であった。

　そして，韓国政府の最大の目標は，ソ連，中国との国交樹立であった。ま
ず，中国とは朴正熙政権時代から香港を通じた中国との間接交易が行われて
いた。そして，1981年には，中国が香港を仲介とする韓国との間接交易を公
式に認める等，両国の間接交易は順調であった[21]。しかし，中国は北朝鮮
と国交を持つ国家であり，韓国と中国との間接交易が盛んになるにつれて，
北朝鮮の妨害工作が顕著になった。そのため，1982年には中国側が韓国との
間接交易を禁止する事態となった。だが，翌年の1983年に「中華民航機韓国
着陸事件」が発生したことにより，両国の政府間での接触が実現した。「中
華民航機韓国着陸事件」とは，1983年5月5日に，中国遼寧省瀋陽にある瀋
陽東塔空港から上海市の上海虹橋国際空港に向かう中国民航所属の旅客機
が，離陸直後にハイジャックされ，機体が朝鮮半島の軍事境界線を通過し韓
国の領空を侵犯し，その後韓国の江原道春川市にある在韓アメリカ軍基地に
緊急着陸したという事件である。この「中華民航機韓国着陸事件」の際に，
韓国と中国の政府間の直接接触が実現したのだ。そして，これを契機とし
て，両国間の関係は好転し，1986年には，韓国で開催された第10回アジア競
技大会に中国の参加が実現した。同大会には北朝鮮等一部の共産圏国家は参
加せず，その点において，中国の同大会への参加は意味があるものであった
といえる。しかし，中国は北朝鮮を国家として認める立場であり，韓国と中

国の外交上の関係の変化が現れるのは1980年代末以降のことであった。

　そして，ソ連とは1980年の時点で既に直接交易が行われていたという[22]。これは，韓国がこれまで日本を経由して輸入していたスケソウダラをソ連から直接輸入し，これを契機として韓国とソ連が直接交易をするようになったというものであった。しかし，1983年9月1日に発生した「大韓航空機撃墜事件」により両国間の経済関係の構築は中断してしまう。「大韓航空機撃墜事件」とは，大韓航空のボーイング747がソ連の領空を侵犯し，ソ連防空軍の戦闘機がそれを撃墜したという事件である。

　同事件が発生する直前には，韓国とソ連との接近が活発化していた。特に両国間の人の移動が盛んとなり，ソウルで開かれた国際共同組合連盟の執行委員会にソ連代表2人が参加したり，ソ連の列国議会同盟事務局次長補であるグレゴリー・コブリチェンコが韓国を訪問したりしていた[23]。だが同事件により，韓国とソ連との関係は大きく悪化しただけではなく，国際社会における東西両陣営間の関係も悪化した。そして，同事件発生の直前には，ソ連のIPU（列国議会同盟）関係者が韓国を訪問するなど，ソ連側はIPUソウル総会への参加に積極的な姿勢を見せていたが，同事件を受けてソ連側はIPU第70回総会への代表団派遣を取り消した。実は，IPUソウル総会の直前に，ソ連側が北朝鮮の圧力により韓国との間接貿易の中断を決定しており，今後の両国の交易についての会談をIPUで行うことが予定されていた。しかし，この韓国とソ連との貿易対話も，ソ連のIPUソウル総会の不参加により白紙となったのである。このIPUソウル総会を契機としてソ連との経済関係・外交関係構築を進展させたかった韓国だが，同事件の発生により，両国の経済関係・外交関係構築は行き詰まることとなった。

　こうして，韓国は目標としている中国とソ連との経済関係・外交関係の構築に行き詰ることとなり，当時の韓国には，共産圏諸国との経済関係・外交関係の構築を実現させるための突破口となる国家が必要となったのである。これに関しては，朴哲彦が「社会主義国家との厚くて高い政治的・外交的障壁を壊す北方政策をきちんと推進するためには，先導的で象徴的な意味で先

にある一つの国家を選定，その国家との修交交渉に相当な負担がかかって
も，心血を注いでその障壁を開いていく勇断と決断力が必要だと考えた。一
旦ある一つの場所で突破口が用意出来たら，自然と他の社会主義国家にも急
速な波及効果を及ぼすものであり……（以下，略）」[24]と述べている。そし
て，韓国の対共産圏外交の突破口となったのが東欧共産圏諸国であった。

　東欧共産圏諸国との経済関係構築に関する政策は朴正熙政権時代である
1970年代初頭頃から行われていた。そして，その初期の段階で，最も重点が
置かれていたのはユーゴスラビアであった。木宮正史「朴正熙政権の対共産
圏外交」（『現代韓国朝鮮研究』第11号，現代韓国朝鮮学会，2011年）ではその理由を
「ユーゴスラビアは非同盟運動の旗手として西側諸国と良好な関係を保ち，
ソ連の影響力が比較的弱かった。韓国としては，オーストリアなどに拠点を
置き，交易関係を増進することが比較的容易であると考えていたからであっ
た」（p. 11）とし「（政府は）当初はこうした交易関係を突破口として東欧共産
圏諸国との関係改善の展望について楽観的な見通しを持っていた」（p. 11）
としている。両国は，1971年にウィーンで政府レベルの接触を実現させるこ
とに成功し，直接交易を推進していく方向で話が進められていた。しかし，
両国の接触が増えるに従って北朝鮮の妨害工作が顕著となり，朴正熙政権下
では，両国の経済関係の構築は進展することはなかった。

　全斗煥政権下でも，初期にはユーゴスラビアへの接近が図られた。だが，
ユーゴスラビアよりもハンガリーに積極的に接近するようになる。これは，
ハンガリーが共産圏国家の一員でありながらも，アメリカに近いという事実
があったこと，そして，ハンガリーがコメコンとワルシャワ条約機構会員国
だったため，ユーゴスラビアと修交するよりもハンガリーと修交した方が，
他の東欧共産圏国家に及ぼす波及効果が大きいという韓国政府の判断があっ
たためである[25]。

　そして，このハンガリーが韓国の対共産圏外交の突破口となった。これに
関しては，当時の大統領である盧泰愚が「実質的に『北方政策』の基礎を築
いたといえるのはハンガリーとの修交で，最初に関係を結んだ国がこのハン

表 - 16　盧泰愚政権時代の主な共産圏諸国との国交樹立年表

年月	内容
1989年2月	ハンガリーと国交樹立・経済協定締結
1989年11月	ポーランドと国交樹立
1989年12月	ユーゴスラビアと国交樹立
1990年3月	チェコスロバキア，ブルガリア，ルーマニアと国交樹立
1990年9月	ソ連と国交樹立
1992年8月	中国と国交樹立

ガリーであった」[26]と述べている。表 - 16にまとめたように韓国が最初に国交を樹立した東欧共産圏国家はハンガリーであった。

　しかし，全斗煥政権初期の段階では，ハンガリーへの接近も容易ではなかった。というのも，ハンガリーがソ連の衛星国であるうえに，北朝鮮との外交関係を結んでいるという政治的状況があったためである。そのため，全斗煥政権は同国への接近も交易を通じた経済関係の構築から外交関係の構築への可能性を開く方針をとった。

第2項　韓国とハンガリーとの経済関係の構築

　経済の分野で，韓国とハンガリーが最初に直接接触を果たしたのは，1983年末のことである。表 - 17に示したように，1983年12月17日に大韓商工会議所がハンガリーに対して訪韓を要請する書簡を発送したことにより，翌年の2月5日から8日にかけて，ハンガリー商工会議所の副会長の訪韓が実現した。ここから，韓国とハンガリーの経済交流が進展していくこととなる。

　その後，1984年6月15日から20日にかけて大韓商工会議所の金麗大（Kim Yeo-dae）国際理事がスウェーデンで開かれた第28回国際商業会議所（以下，ICC）大会に参加し，その際ハンガリー商工会議所のカルロス会長が，大韓商工会議所の役員をハンガリーに招く考えを表明した。ここまでは，両国の商工会議所が中心となって接触が行われていたが，この第28回 ICC 大会を契機として金宇中がハンガリーとの経済関係の構築の中心人物の1人とな

表 - 17　大韓商工会議所とハンガリー商工会議所との交流年表

年月日	内容
1983年12月17日	大韓商工会議所からハンガリー使節団に招待書簡を発送。
1984年 2 月 5 日〜 8 日	Dr Josef Heiszig ハンガリー商工会議所副会長が訪韓。
1984年 6 月15日〜20日	金麗大商工会議所国際理事の ICC ストックホルム総会に出席時，Mr o Ksllos ハンガリー商工会議所会長が大韓商工会議所役員の招待の意思を表明。
1984年10月10日	ハンガリー商工会議所会長から金宇中大宇グループ会長と金麗大大韓商工会議所国際理事のハンガリー訪問の招待電報を受取る。
1984年12月 2 日〜 4 日	金麗大国際理事ハンガリー訪問。
1985年 1 月11日	ハンガリー商工会議所から韓国購買使節団招待電報受取り。
1985年 2 月23日	大韓商工会議所会長 ICC 第 6 回ソウル総会にハンガリー商工会議所の会長をオブザーバーとして招待。
1985年 3 月23日〜30日	Mr Kallos ハンガリー商工会議所会長訪韓。（ICC ソウル総会出席，商工長官，KOTRA 社長，貿易協会会長への訪問と産業視察）。
1985年 5 月25日	ハンガリー商工会議から大韓商工会議所が主管する購買使節団の派遣要請を受取る。
1985年 6 月14日	大韓商工会議所がハンガリー商工会議所に韓国貿易使節団延期を通告。
1987年 6 月 1 日	ハンガリー商工会議所は KOTRA を通じて大韓商工会議所と協力協定書締結を提案。

出典：産業資源部貿易投資室欧米協力課（編）『헝가리 상호무역협력협정（ハンガリー商工貿易協力協定）』所収「대한상의와 헝가리상의간 업무협조 추진 경과사항（大韓商議とハンガリー商議間業務協力推進経過事項）」(1989年，大韓民国国家記録院管理番号，BA0786666，通番002-003) を参考に作成。

る。というのも，この第28回 ICC 大会に，金宇中が国際企業人賞の受賞者として参加していたのである。この国際企業人賞の授与は，1981年に開かれた第27回のフィリピン大会に開始され，3 年に一度授与されるため，金宇中は第2回目の受賞者として，参加した各国の企業人からも注目された。そして，この第28回 ICC 大会の際に金宇中はハンガリー商工会議所のカルロス会長と会談を行ったといわれている(27)。1984年10月10日にカルロス会長が，大韓商工会議所国際理事の金麗大をハンガリーに招待した際に金宇中も招待していることからも，ICC 大会でカルロス会長と金宇中との接触があったと考えるのが妥当である。

このように，1983年の第28回 ICC 大会を契機として金宇中が中心人物の

　１人となって，ハンガリーとの経済関係構築を進めていくこととなった。だが，先行研究では，1980年代の大宇の企業活動にあまり注目されてこなかった。というのも，大宇とハンガリーとの経済交流が水面下で行われたものであったことに加え，1980年以降は，他の財閥は海外にその企業活動を広げていったのだが，大宇だけが目立った海外進出が見られなかったからである。他の財閥企業が海外へと進出した背景には，韓国企業にとって最大の市場であったアメリカの保護貿易主義の高まりをあげることができる。これまで，アメリカ市場を最大の拠り所としてきた韓国企業は，アメリカの保護貿易主義の高まりにより，海外市場確保のために現地生産や迂回輸出のための生産拠点づくりの必要に迫られたのだ。そして，更には全斗煥政府が電子分野の先端化を促す政策を推進したため，韓国企業は先進諸国の技術導入を進めるために，積極的に海外進出をしなければならない状況が生まれたのであった[28]。こうした，国内外の状況から，表 - 18 - 1 ・ 2 ・ 3 のように，例えば三星，現代，現 LG などの財閥企業は海外へとその企業活動を広げていっていたのである。

　しかし，そのような中で，大宇だけが目立った海外進出がなかった。そのためか，1980年代の大宇の海外展開についてはあまり分析されてこなかった。例えば，鄭章淵『韓国財閥史の研究　分断体制資本主義と韓国財閥』（日本経済評論社，2007年，p. 265）でも，1980年代後半の韓国財閥の海外進出の事例を取り上げているが，その際，「グループ内の構造調整に手間取った大宇を除き，この時期に海外進出が目立った三星，現代，現 LG のケースを取り上げることにする」（p. 265）として，大宇を除いた他の財閥の海外進出のみを取り上げている。そして，表 - 19 からもわかるように，全斗煥政権下での大宇は，系列企業数が減少している。この時期，金宇中は他の財閥とは異なり，水面下で共産圏諸国との積極的な経済交流を図っていたのであった。だが，その成果が現れたのは1990年以降であるため，1980年代の金宇中のこうした動きは，注目されてこなかった。この時期金宇中は中国，ソ連，北朝鮮を初めとした共産圏諸国との経済交流を積極的に行っていた。

表 - 18 - 1　　1980年代の三星の主な海外展開

	年月	内容
三星電子	1982年6月	西ドイツ現地販売法人 SEG を設立
	1982年9月	ポルトガルに海外事務所を開設　※最初の海外事務所
	1984年12月	米国ニュージャージー州ロックスベリー市で生産工場稼動 カラーテレビと電子レンジを生産
	1987年9月	オーストラリア現地法人 SEAU を設立 カナダ現地販売法人 SEAU を設立
	1987年10月	英国現地生産工場を竣工
	1988年10月	メキシコ現地法人 SEMIX を設立
	1989年12月	中国のカラーテレビ工場に国内初の合弁投資を実施
三星半導体通信	1987年6月	米国で半導体製造工場を竣工
三星航空	1985年	三星ユナイテッド航空を設立

出典：深川由紀子「三星【韓国】―世界企業狙い『第二の創業』に挑戦」(『新版　アジアの財閥とい企業』II - 8，日本経済新聞社，1994年，p. 130-141)。鄭章淵『韓国財閥史の研究　分断体制資本主義と韓国財閥』(日本経済評論社，2007年，p. 265，266) を参考に作成。

表 - 18 - 2　　1980年代の現代の主な事業展開

	年月	内容
現代総合木材	1981年1月	韓国アラスカ資源開発を設立
	1982年1月	米国現地法人 HFI を設立
	1983年1月	ダラスで家具工場を稼動 ソロモン原木開発現地法人を設立
	1985年8月	マレーシア現地法人を設立
	1987年7月	米国のハイポイントに現地法人を設立
	1987年8月	ロサンゼルスで家具工場を稼動
現代電子	1983年3月	カリフォルニア州サンタバーバラに現地法人 MEI を設立

出典：深川由紀子「現代【韓国】―「韓国的経営」の体現者」(『新版　アジアの財閥と企業』II - 8，日本経済新聞社，1994年，p.141-151)。鄭章淵『韓国財閥史の研究　分断体制資本主義と韓国財閥』(日本経済評論社，2007年，p. 266) を参考に作成。

表 - 18 - 3　　1980年代の現 LG の主な事業展開

	年月	内容
金星社	1980年	米国販売法人 GSET を設立 ※米全土に代理店とサービス網を構築
	1980年11月	西ドイツ現地法人 GDDG を設立
	1981年7月	パナマ法人を設立
	1981年9月	米国ハンツビルにカラーテレビ工場を起工
	1984年	米国ハンツビルに第二工場を建設 米国ハンツビルに電子レンジ工場を設立
	1984年7月	米国サニーベイル技術開発現地法人 UMI を設立
	1986年10月	カナダトロントに現地販売法人 GSCL を設立
金星社通信	1984年	金星通信アメリカを設立
㈱ラッキー	1984年3月	サウジアラビア政府との合弁で NPC を設立 ※石油化学製品を生産

出典：深川由紀子「ラッキー・金星【韓国】―経営革新に総力を挙げる保守財閥」(『新版　アジアの財閥と企業』II - 8，日本経済新聞社，1994年，p. 130-141)。鄭章淵『韓国財閥史の研究　分断体制資本主義と韓国財閥』(日本経済評論社，2007年，p. 266，267) を参考に作成。

表 – 19　10大財閥の系列企業数

グループ名	系列企業数（関連産業分野数）	
	1980年1月	1987年12月
現代	31	34
現LG	43	62
三星	33	37
大宇	34	28
暁星	24	15
国際	—	—
韓進	14	16
双龍	20	21
韓国火薬	7（8）	18（16）
鮮京	5（6）	14（16）
平均	7.5（7.5）	25.4（17.6）

出典：趙東成『韓国財閥研究（한국재벌연구）』（毎日経済新聞社，1990
年，p. 203），李ハング『韓国財形成史』（比峰出版社，1999年，p.
474）を参考に作成。

　例えば，金宇中の中国との経済交流に関して，1985年7月27日付け『朝日
新聞』「88年以降中国市場に熱い目（韓国の素顔：35）」は「金宇中は1980年代
前半から何度も訪中し，中国側要人と貿易や技術交流について意見交換をし
た」と報じている。また，ドン・オーバーファー，ロバート・カーリン著・
菱木一美訳『二つのコリア　国際政治の中の朝鮮半島　第三版』（共同通信
社，2015年）でも「1980年代初めに金宇中は中国の門戸をたたき始めた」（p.
199）としている。当時，韓国と中国との間に国交はなく，中国は北朝鮮と
の関係が深い国であったこともあり，金宇中を初めとした韓国財閥総帥の訪
中は極秘に行われていた。

　先述のように，韓国企業と中国との経済交流はすでに1970年代末期から行
われていた。1978年に鄧小平（Deng Xiaoping）が国家権力を握り，経済開放
政策を打ち出して以降，韓中は外国企業を通じた間接貿易を積極的に展開し
た。その主な経由先は香港や中国との国交がある日本やシンガポールなどの

企業であり，なかでも香港を通じた間接貿易が積極的に行われていた。

　また，韓国財閥は当時中国との国交があった日本の企業を通じても中国との間接貿易を図った。例えば，韓国の財閥の一つ，鮮京が，1985年4月に中国貿易に強いといわれるいくつもの日本企業に対して，提携申し入れの封書を送ったとして，日本国内で話題となった[29]。日本と韓国は日韓基本条約により，経済協力が行われており，国交のない中国に対して，鮮京は日本の企業と提携することで，交易を図ったのであった。

　このように，1980年代初頭より，韓中の経済交流が開拓されたのは，両国の「利害関係の一致」によるものであった。中国では，1978年に国家権力を握った鄧小平が，毛沢東（Mao Zedong）時代の文化大革命で低迷した経済を立て直すために，経済開放政策を掲げ，経済発展を図った。その際，鄧小平は市場経済体制への移行，中国市場の対外開放などを推進した。こうして鄧小平が中国の経済立て直しを図る中で着目したのが韓国の工業技術であった。韓国では朴正熙政権以降，重化学工業化政策が行われ，急速に工業化が進んだ。韓国の工業技術は，先進諸国の技術には及ばないものの，1980年代に入る頃には，ある程度の水準までは達していた[30]。一方1980年代初頭の中国はまだ工業化初期の段階にあった。低水準の技術しか有しない中国が，先進国の高度な技術を急速に消化することは困難であったことから，中国は韓国が持つ，工業化中期段階の技術に着目したということであった[31]。

　一方，韓国側はこれから発展するであろう中国の大規模な市場への進出を図る意図があったことはもちろんであるが，中国が韓国の作る大衆消費財を必要としていたこと，更には中国が無煙炭，石油などの資源を保有していた韓国が，中国へのアプローチを図った大きな要因である[32]。その背景には，先述したようなアメリカなどの先進諸国の保護貿易主義による韓国の輸出産業の鈍化や，オイルショックにより資源確保の必要性が求められるようになったことなどがあったと考えられる。こうして，韓中が互いに貿易を必要とした結果，両国の経済交流は進展していった。そして，その後韓中の経済交流は間接的なものから，直接的なものへと転換していくこととなる。そ

の第一段階として，韓国の財界人が中国に極秘訪問を繰り返すようになった
ことに注目したい。

　財界人の先陣を切って中国を訪問したのは大宇の金宇中であった。この
時，金宇中は中国側の要人と貿易や技術などの経済交流について直接話し
合ったとされ，その後も金宇中は度々中国を訪れた[33]。また，ラッキー金
星商事（Lucky Gumsung International Corp.）の李憲祖（Lee Heon-jo）社長やコー
ロンの李東燦（Lee Dong-hwan）会長など，他の財閥企業の関係者も度々中国
を訪問していたといわれている。

　上記のように，韓国企業と中国が経済交流を深めていった結果，1988年7
月に金宇中をはじめとする韓国通商代表団が中国を公式に訪問し，中国国際
貿易促進委員会山東省分会との間で直接貿易を推進する覚書を交わすに至っ
た[34]。覚書の主な内容は，中韓の直接貿易を推進するために中韓の間の直
航路の開設，銀行間の取引開始，民間人に対する入国査証（ビザ）の発給を
行うことであった。こうして，韓中間の直接貿易が公式的に行えるように
なったわけだが，実際にはこの覚書が交わされる以前から，韓国財界人が中
国に入国する際には，旅券に入国の押印をせず，別の用紙でビザを発給する
などの特別な便宜が図られていたといわれており，盧泰愚政権以前より，韓
中が互いに経済交流がしやすい状況が作り出されていたのであった[35]。

　このように，韓国と中国との経済交流は水面下で進められていたが，両国
の国交樹立が果たされるのは1992年8月のことである。中国は北朝鮮との結
びつきも深く，両国が更なる関係構築を進めるためには，国際関係の変化と
時間が必要であった。

　こうして，1980年代前半から，韓国財閥の総帥らが積極的に共産圏諸国と
の経済交流を進める中で，金宇中はハンガリーとの経済交流の契機を第28回
ICC大会で掴んだのであった。そして，これを契機として，金宇中が韓国と
ハンガリーとの経済交流における中心人物の一人となった。

　そして，韓国とハンガリーが積極的に接触するようになった頃，両国の経
済関係が大きく展開する転機が訪れる。それが，1984年末から1985年にかけ

て行われたとされる玉ねぎの直接貿易である。この貿易は，韓国とハンガリーの政府間で行われた最初の直接貿易であるといわれている[36]。

　この玉ねぎの直接貿易は水面下で行われたため，その資料に未だ乏しい。国家記録院でもそれに関する記録を見出すことができなかった。そこで，この貿易に関する記述が見られる1993年12月17日付け『聯合ニュース』「〈特集〉『메이드 인 코리아』…수출 千億弗시대 눈앞에 (〈特集〉『メイドインコリア』…輸出千億ドル時代目前に)」及び2014年１月31日付け『アジア経済』「1985년 양파무역, 헝가리 교역 포문 열다 (1985年玉ねぎ貿易，ハンガリー交易の口火を切る)」を以下でまとめることとする。

　韓国では玉ねぎや唐辛子など農産物の輸入を巡って関係部処 (部処は日本の省庁に相当) が対立していた。経済企画院は，玉ねぎや唐辛子などの農産物を輸入する方針を打ち出していたが，農林水産部が農家の利益のために輸入を最小限に減らさなければならないとして両部処は対立していた。農林水産部の主張は「昨年に比べて玉ねぎや唐辛子などの価格は事実であるが，1982年と比較した同じ水準である (したがって輸入をする必要はない)」というものであった。そして，関係部処によって議論が行われるなかで大韓貿易投資振興公社 (以下，KOTRA) が輸入に賛成の姿勢を示し，更には同じ値段なら東欧圏から輸入した方が良いという方針を提示した。農林水産部はこの方針に反対したが，商工資源部と外務部がKOTRAの方針に賛成し，最終的には東欧共産圏の一つであるハンガリーから玉ねぎを輸入することが決定した。そして，それに伴いハンガリーのスカラ百貨店とその年の11月に2,500万トンの玉ねぎの直輸入契約を締結して，高麗貿易を通じて輸入することとした。高麗貿易は，1973年10月30日に前身の韓国輸出振興を改称して設立された中小企業専用の貿易商社である。1976年４月29日には，総合貿易商社第６号に指定された。指定条件は，①海外支社10か所以上，②資本金10億ウォン以上，③50万ドルの輸出品目七つ以上の三点であった[37]。高麗貿易は，これらの基準を満たしていなかったが「韓国貿易協会の出資で政策的な輸出入を担当させるために設立した貿易会社には，基準に達していなくても総合貿易商

社に指定できる」という但し書き条項が新たに設けられたことにより，同社が総合貿易商社指定を受けることができた[(38)]。高麗貿易は政策的輸出入を担当させるために設立された会社であり，この玉ねぎの直輸入が政策的に行われたことがわかる。

　1984年11月に両国は玉ねぎの直輸入の契約を交わしたが，ハンガリーから韓国に玉ねぎが到着したのは1985年を過ぎてからのことであったし，ハンガリーから玉ねぎが到着した際には，そのほとんどが腐っていたという。こうした結果から，玉ねぎの直接貿易を通じた韓国とハンガリーとの経済関係構築は失敗に終わるかと思われた。しかし，この件を謝罪しにスカラ百貨店のイストヴァン＝イムレ（Istvan Imre）社長など7人のハンガリー側関係者が訪韓し，玉ねぎ貿易の問題の是非とは別に，両国の貿易拡大に関する話し合いが行われたことにより，両国の経済交流が進展したという。そして，この玉ねぎの直接貿易にかかわったスカラ百貨店を経営するスカラクープ社の最高責任者を務めていたデムヤン＝シャンドール（Damjan Sandor）が，韓国とハンガリーとの経済関係構築の中心人物となった。

　ところで，玉ねぎの直接貿易の際にハンガリー側の窓口となったスカラ百貨店とはどのような企業なのだろうか。2002年1月17日付け『MAGYAR NARANCS』「Demján Sándor portréja—I. rész: A városalakító（デムヤン＝シャンドールの肖像—第1部：都市シェイパー）」によると，スカラ百貨店の創設は，1974年にハンガリー政府が消費者の不満を受けて新しい百貨店を創設する方針を決定したことに始まる。当時小さい貿易会社を経営していたデムヤン＝シャンドールが協同組合による新しい百貨店の経営をハンガリー政府に提案して政府がそれを採択した。そして，1976年に200の協同組合による300万ドルの出資と国営銀行からの600万ドルの低利融資を受けて，スカラ百貨店が創設された。1年も経たない間に売上高は2倍になり，スカラ百貨店は急激な成長を遂げ，1979年には生産から販売まで直営する大企業グループへと成長した。そして，1980年代には，このスカラ百貨店が西側諸国との経済交流の窓口となった。スカラ百貨店創設の提案者であったデムヤン＝

表 - 20　1987年における韓国とハンガリーとの交流年表

月日	内容
2月23日～26日	ハンガリー信託銀行長デムヤン氏訪問時，韓 - ハンガリー間関係改善方案の一環で，ハンガリー商工会議所とKOTRA間の常駐事務所開設と合作投資を提案。
5月11日～16日	大韓商工会議所主管で国内業界構成，対ハンガリー合作投資調査団の派遣。
6月15日～19日	ハンガリー商工会議所事務総長 Mr.Lorincze 訪問，合意書ハンガリー側案提示。

出典：産業資源部貿易投資室欧米協力課（編）『헝가리 상호무역협력협정（ハンガリー商工貿易協力協定）』所収「대한상의 헝가리상의간 협력의정서 체결 추진에 의견조회（大韓商工会議所ハンガリー商工会議所間協力議定書締結推進に意見照会）」(1989年，大韓民国国家記録院管理番号，BA0786666，通番020)。

シャンドールは1986年までスカラクープ社の最高責任者を務めた後，ハンガリー信用銀行の会長に就任し，韓国との経済交流を主導的に進めた。そして，1987年になると，両国間の交流が更に活発に行われるようになる。1987年の両国間の交流を表 - 20にまとめた。

　1987年2月23日から26日にかけて，デムヤン＝シャンドールが韓国を訪問し，韓国とハンガリーの「関係改善方案」の一環として，ハンガリー商工会議所とKOTRA間の常駐事務所開設の協力と合弁投資を提案した[39]。この時期になると，ハンガリーの韓国への経済的な接近をソ連が容認の上で行うようになっていた[40]。つまりは，韓国とハンガリーとの経済関係の構築が韓国がソ連との距離を縮める突破口となる可能性も含んでいたのだ。デムヤン＝シャンドールが提案した「関係改善方案」の内容は以下の通りである。

　1．韓国とハンガリー双方は両国の商工会議の直接的効率的な貿易関係の樹立と拡大のために相互協力すること。
　　（양측은 양국상의 회원사간의 직접적이고 효율적인 교역관계 수립과확대를 위해 상호협조하여 나갈 것임.）
　2．双方は持続的に相互貿易の推進のために情報を交換すること。このため，両国の商工会議所は自身の発刊物はもちろん，その他の関連刊行物，カタログ，パンフレットなどの印刷物を相手側に提供すること。
　　（양측은지속적으로 상호무역증진을 위해 정보를 교환할 것임. 이를 위해 양국상）

　　　意は 자기 발간물은 물론, 기타 관련간행물, 카탈로그, 책자 등 인쇄물을 상대측
　　　에게 게공할 것임.)

　3．双方は各自の権限範囲内で必要だと考えられる展示会，貿易博覧会，シ
　　　ンポジウム，会議及びその他類似の行事の参加及び開催に協力すること。
　　　(양측은 각자의 권한 범위내에서 필요하다고 생각되는 전시회, 무역밥람회, 심
　　　포지움, 회의 및 기타 유사한 행사의참가 및 개최에 협조할 것임.)

　4．双方は通商使節団や市場調査団の交換と取り引きの相談，斡旋など，双
　　　方の交易増進のためとその他の活動において協力すること。
　　　(양측은 롱상사절단 및 시장조사단의 교환과 거래상담 주선 등 상호 교역증진
　　　을 위한 가타활동에 있어서 협력해 나갈 것임.)

　5．双方は各自の権限範囲内で両国間交易と産業協力増進に悪影響をもたら
　　　す貿易障壁を探し出し，これを除去する案を模索していくこと。
　　　(양측은 작자의 권한 범위내에서 양국간 교역 및 산업협력 증진에 악영향을 주
　　　는 무역장벽을 찾아내어 이를 제거할 수 있는 방앙을 모색하여 나갈 것임.)

　6．大韓商工会議所側はハンガリー商工会議所のソウル事務所開設計画を歓
　　　迎してこの開設のために必要な全ての支援をせよ。
　　　(대한상의측은 항가리상의 서울사무소 개설 계획을 환영하고 이의 개설을 위해
　　　필요한 모든 지원을 하겠음.)

　7．この協力の正書の執行のため，双方は相手側の要請により，定期的に執
　　　行実績を検討して相手側に書面を通知する。
　　　(이 협력의정사의 집행을 위해, 양측은 상대측 요청에 의해 정기적으로 집행실적
　　　을 검토하여 상대측에게 서면 통보함.)

　　　協力の正書は署名した日から効力が発生し，一方が相手側に書面で効力喪
　　失を要請する時まで有効。
　　　(협력의정서는 서명한날부터 효력을 발생하며 일방이 상대측에게 인증된 것임. 여
　　　청할 때까지 유호할 것임.)[41]

　　合弁投資の内容は，ハンガリーに年間20万台生産規模の自動車工場とアル
ミニウム生産工場を合作設立することであった。そしてその後，1987年6月
16日，6月19日にKOTRAとハンガリー商工会議所間で協議が行われ，修
正案を作成し，両国の承認後に署名されることが決定された。
　　ハンガリー側は貿易事務所の開設を両国政府の公式接触の一段階と位置付
けていた[42]。そして，貿易事務所は一般的な通常業務以外にも，文化やス

ポーツ，政治の分野において双務の交渉窓口として，二国間の関係正常化の段階まで活用しようとする意図が強く，1988年ソウルオリンピックの連絡事務所として利用する可能性も示唆していた[43]。そして，合作投資の開始と自動車組み立て工場，Chip工場の契約の締結を第二段階として考えていた。こうして，両国の関係正常化の第一段階として，1987年12月にKOTRAがブダペスト貿易事務所を開設し，1988年3月には，ハンガリーがソウル駐在貿易事務所を開設した。

　ところで，KOTRAがブダペスト貿易事務所を開設する直前，韓国では「大韓航空機爆破事件」が大きな問題となっていた。この事件は，1987年11月29日，大韓航空の旅客機が日本の旅券を所持した男女によって爆破されたものである。犯人が日本の旅券を持ち日本語を話していたが，後にこの旅券が偽造されたものであり，北朝鮮の工作員による犯行であることを韓国側が発表した。北朝鮮側は事件への関与を否定したが，工作員が北朝鮮を出国し最初の経由地点となったハンガリーが，問題の2人について，北朝鮮が発行した有効な旅券を持ち合法的な手続きによって出入国したと発表し，北朝鮮側の主張を否定した[44]。この頃，韓国と経済的な接近を図っていたハンガリーであるが，北朝鮮とは外交関係を樹立していた。そのハンガリーが北朝鮮側の主張を否定する発表を行ったのは，この時点で韓国とハンガリーとの関係構築が進んでいたからであろう。ソウルオリンピックの妨害を目的として行われたテロ事件であったが，結果的にはこの事件を契機として北朝鮮が国際社会から孤立することとなり，1988年9月から10月にかけて行われたソウルオリンピックにはほとんどの東側諸国が参加することとなった。そして，ソウルオリンピック開会式の4日前である1988年9月13日に韓国とハンガリーは常駐代表部設置を発表した。そして，この出来事は北朝鮮に大きな衝撃を与えた。ドン・オーバーファー，ロバート・カーリン著，菱木一美訳『二つのコリア　国際政治の中の朝鮮半島　第三版』（共同通信社，2015年）によると「（両国の常駐代表部設置に対する）北朝鮮の反応は激烈だった。ハンガリーの取った行動が他の東欧諸国に対して重大に意味を持つ」（p. 201），と

認識したためである。また，同書において，ソ連の対北朝鮮政策について非
公開の記録を調査しているロシアの研究者，ナタリア・バサノワは，「当時
北朝鮮が疑っていたようにハンガリーは韓国と関係を樹立する前に，確かに
ソ連と協議して承諾を得ていた。9月の韓国とハンガリーによる発表後，労
働新聞は論説で，ハンガリーが『マルクス・レーニン主義の大義と労働階級
の革命運動に背く重大な背信行為』を犯した，と批判した。その長々とした
論説は『ハンガリーは生き残る為に友誼を裏切り，よりによって南の傀儡か
らわずかな金を乞う他に道はなくなったのか』と弾劾した」(p. 201) と述べ
ている。韓国とハンガリーとの常駐代表部の設置の影響が，北朝鮮が同盟を
結ぶ他の東欧諸国にも及ぶこと，そしてそれがソ連の承諾を得ていたことに
北朝鮮は危機感を持ったということであった。

　そして，この頃になると，韓国とハンガリーとの経済交流が更に活発化す
る。表 - 21にまとめたように，1988年9月の時点で，多くの財閥企業がハン
ガリーへの進出を果たしていた。

　これに加えて，韓国とハンガリーとの大規模な経済協力の締結となったの
が1988年11月に行われた金宇中とデムヤン＝シャンドールの大規模な投資と
合弁企業の設立に関する協定の締結である。同年11月21日に金宇中がハンガ

表 - 21　1988年9月の時点での韓国とハンガリーとの経済交流状況

企業名	内容
起亜産業	乗用車組み立て工場
㈱大宇	家電製品，自動車部品
三星物産	カラーテレビチューブ生産
セハン電子	オーディオ用印刷回路基板製造
ラッキー金星（LG）	カラーテレビチューブと電子オーブン生産
コーロン	紳士服製造
キョンドク	靴下製造
大韓繊維	ジョギング服製造
セバン観光	観光客相互交流産業

出典：1988年9月14日付け『毎日経済』を参考に作成。

リーを訪問し，デムヤン＝シャンドールと貿易金融やホテル事業などに対する1億9,000億ドルの投資と二つの合弁企業の設立に合意して協定を締結した[45]。この額は，これまでの韓国企業の共産圏諸国への投資の中で最大規模であり，ハンガリーにとってはこれまで誘致した外国人の総投資額と釣り合う水準であった。実は，大宇よりも先に，三星がハンガリーとの合作投資の合意覚書を交換しているのだが，その額は500万ドルと小規模であった。また，大宇とハンガリーとの合弁契約は，1988年10月に常駐代表部を開設して以来，最初の合弁契約であり，韓国とハンガリーとの間でも非常に重要であったことを強調したい。更に，同年12月24日には大宇とハンガリー信用銀行が5,000万ドルずつ出資し，ハンガリーに合作銀行を設立することも決定した。この合作銀行は，ハンガリーの海外資本調達の窓口の役割と韓国企業のハンガリーに対する投資の仲介業務を担う重要なものであった。だが，この大宇のハンガリーへの大規模な投資に関して，経済界からはその実現性に対する疑問の声が聞かれた。これが，大宇造船の経営破綻問題であった。当時の同企業の負債額は1兆4,000億ウォンに達しており，大宇造船が倒産すれば大宇の系列企業全体が倒産しかねない状態であった。このような経営状態の中で，莫大な資金が必要となる合作投資が実現できるのかというものであった。

　金宇中が韓国政府に大宇造船への金融支援を要請したのは1988年9月のことである。韓国とハンガリーが常駐代表部を設置して，これから経済協力を加速しようとしていた時期であった。

　こうして韓国政府内で大宇造船に対する金融支援の是非の検討が重ねられるなかで，大宇はハンガリーとの大規模な合作投資契約を締結したのだが，当時，大宇造船では大規模な労働争議が頻発し，大きな社会問題にもなっていた。そのような状況を受けて，ハンガリー側からハンガリーとの合作事業の実現性に対する疑問の声が上がるようになった。1989年1月16日付けのインターネット版『東亜日報』によると「ハンガリー商工会議所の韓国担当者（コリアデスク）の50代の『ミカロス』氏は，同社記者に会うと直ちに『大宇

造船問題はどうなるものか。合作事業に影響を与えないだろうか』と尋ねた」という。ハンガリーは韓国との外交関係構築を「第一段階で KOTRA・ハンガリー商工会議所の事務所相互開設，第二段階で合作投資開始と自動車組み立て工場，Chip 工場開設契約締結と同時に領事館の開設，第三段階で大使館の設置」としていたのだが，第二段階にある合作投資については，重要なものは大宇が担っていた。ハンガリーにとって，大宇との合作投資は外交関係構築の条件の一つともいえ，韓国側は大宇造船の経営破綻問題を解決し，大宇のハンガリーへの投資を遂行させなければならなかった。大宇造船への金融支援の議論の過程で，大宇造船が経営破綻した場合に発生する問題として「政治」が何度かあげられている。これに関する詳述は見られないが，これからハンガリーを突破口として他の共産圏諸国との国交樹立を果たそうとしていた韓国にとって大宇造船の経営破綻問題は，単なる一企業の経営問題として片付けることはできなかったと考えられる。

　こうして，大宇造船への金融支援に関する方針が決定しない状態のまま1989年2月1日に韓国とハンガリーは国交樹立を果たした。先にも述べたが，当時の大統領であった盧泰愚が回顧録の中で「実質的に『北方政策』の基礎を築いたといえるのはハンガリーとの修交で，最初に関係を結んだ国がこのハンガリーであった」と述べており，ハンガリーが韓国の対共産圏外交において，重要であったことを改めて強調したい。

　そして，韓国とハンガリーが国交樹立を果たした直後の2月8日に，長官会議で商工部が作成した『大宇造船白書』が検討，採択され，支援方針（次頁）が決定された。

　大宇造船が金融支援を受けることができた背景には，複合的な要因が存在したが，その一つに同社の経営破綻問題が韓国とハンガリーの国交樹立の時期と一致したことで，ハンガリーとの経済関係構築の中心的役割を果たしていた大宇を救わざるを得なかったという側面があった。

　ところで，大宇は全斗煥政権時代に共産圏諸国との経済交流に成功し，盧泰愚政権とも良好な関係を構築することができたが，朴正煕政権時代にも大

大宇造船正常化方針（要約）

- 毎年15％ずつ雇用人員を縮小する（1988年12,535名→1993年5,545名）
- 毎年15％ずつ労働生産性を向上させる（1993年までに生産性を倍増させる）
- 正常化するまでに労働生産性の向上と1／2（7.5％）水準以内に賃金の引き上げを抑制する。
- 受注量は年間100万G／T線に抑制する。
- 財務構造の改善
  　—大宇グループの自助努力：4,000億ウォン
- 製鉄化学，大宇投資金融，豊国精油，信亜造船，雪嶽開発など五つの系列社と大宇ビルディングを売却して出資する。
- 大宇証券の金宇中個人株式持分1,500億ウォン相当額を売却して，個人名義の出資を行い，不足額は保有する不動産の売却と系列社の有償増資などによる出資を行う。
  　—韓国産業銀行の支援：1,500億ウォン
- 借入金2,500億ウォンの元利金償還期間調整（7年据え置きで10年分割償還）
- 据え置き期間中に発生する利子は年次別に韓国産業銀行が大宇造船工業㈱の株式で取得する（総2,000億ウォン）

出典：産業支援部基幹製造産業本部自動車造船チーム（編）『대우조선 경영 정상화 방안 논의의 경과（大宇造船経営正常化方案論議経過）』（1988年，大韓民国国家記録院管理番号DA0047889，通番0211-217）を参考に作成。

宇の企業活動が経済関係・外交関係の構築に繋がった事例があった。簡単に見てみると，1970年代後半，韓国はアフリカを通じたソ連へのアプローチを図っていた。その頃，大宇は企業活動の一環としてアフリカ市場への進出を模索していた。そして，大宇はアフリカ市場のなかでスーダンへの進出に成功した。スーダンは，アフリカの社会主義国の一つであり，北朝鮮や中国とも外交関係を結んでいた国である。そのため，韓国が経済関係・外交関係を構築することが困難な国であった。そのスーダンと経済関係の構築に成功したのが大宇であった。

　先述のように，韓国とスーダン間には国交が樹立されておらず，スーダンは北朝鮮や中国などと外交関係を結んでいた国家であった。そのような国家にどのように大宇が進出したのかということ関して，金宇中はシン・ジャンソプ『김우중과의 대화　아직도 세계는 넓고 할 일은 많다（金宇中との対話　まだ世界は広くやることは多い）』（ブックスコープ，2014年）の中で以下のように述べている。

　　最初はスーダンにタイヤを輸出したのです。アジアと中東でタイヤを売っ
て自信がついたので，スーダンに売ったのですよ。それで，スーダンと修交
が可能だと考え，政府に話し政府側の実務者と一緒にスーダンに入って行っ
たのです。私たちにはビザが重要だったのです。商売というのは手紙だけで
出来るものではないでしょう。（現地に直接）入って行って，（現地の）人と会
い，またそこで暮らして見なければならないのだが，そこは北朝鮮大使館が
ある国家だったので，私たちにビザをくれなかったのです。（中略）私たちが
投資して，あなたたち（スーダン）の製品をマーケティングして海外に適正価
格で売るようにし，（スーダン）国内で必要なものがあったら大宇が提供する
としたのですよ。それでお互い合意して，すぐに領事関係を樹立することに
したのですよ。

　　　（처음에는 수단에 타이어를 수출했어요. 아시아와 중동에서 타이어를 팔다가 자
　　신감이 생기니까 수단에도 팔았던 거지요. 수단과 수교가 가능한 것처럼 보여서 정
　　부에 얘기하고 정부 쪽 실무자와 같이 들어갔어요. 우리한테는 비자를 받는 게 중
　　요했어요. 장사라는 게 편지만 으로 되는 게 아니잖아요? 들어가서 사람도 만나
　　고, 또 살아보기도 해야 하는데 거기는 북한대사관이 있는 나라니까 우리에게 비
　　자를 주지 않았어요. (중략) 우라가투자하고, 당신네 제품을 마케팅 해서 해외에
　　게값 받고 팔아주고, 국내에서 필요한 것들이 있으면 들여오겠다고 했어요. 그레
　　서 서로 합의해서 바로 영사관계를 수립하기로 했어요.)[(46)]

　　大宇がまずスーダンに大宇のタイヤを輸出して，ある程度の信頼関係を築
いた。そして，その後大宇はスーダンとの修交が可能だと考え，韓国政府の
実務者と一緒にスーダンとの経済関係・外交関係構築を図ったというもので
あった。大宇側にはビザを受給するという目的があり，政府は外交関係構築
という目的があり，両者の利害関係が一致した結果，スーダンへの接近を政
府と財閥が一体となって図ったのである。これが1973年のことであった。
　　しかし，スーダンとの経済関係・外交関係の構築は容易なものではなかっ
た。一度は経済関係構築・外交関係構築に向けた進展を見せた両国であった
が，1976年になるとそれが一転した。スーダン側が大宇に対して，経済関係
を構築することができないとその姿勢を変化させたのであった。ちなみにシ
ン・ジャンソプはこれに関して以下のように記述している。

　金会長一行は1976年4月スーダン側の長官3人がいるガーデンパーティーに招待された。長官たちは韓国が中国と北朝鮮の敵国なので修交できないし，経済関係を持つこともできないとしながら「ブクラ　ブクラ（次に）」という言葉だけをいった。
　（김 회장 일행은 1976년 4월 수단 측 장관 3명이 있는 가든파티에 초청됐다. 정관들은 한국이 중국과 북한의 적대국이어서 수교할 수 없고 경제관계를 터놓고 할 수도 없다면서 "부크라 부크라 (다음에)" 라는 말만 했다.）[47]

　これまで，韓国側との経済関係・外交関係の構築に肯定的であったはずのスーダンであった。しかし，突如として韓国は中国と北朝鮮の敵国であるという理由で，外交関係はおろか経済関係すら構築することができないと，スーダンはその姿勢を転換したのであった。だが，スーダンとの経済関係・外交関係の構築を諦めなかった韓国はスーダン大統領府と接触し続けた。その結果「ヌメイリ（Gaafar Mohamned el-Numeyri）大統領が金会長と接見したいと連絡が来た。『和やかに』会談が進み，4月21日ヌメイリ大統領は韓国と領事レベルでの国交樹立に正式に署名した」[48]という。

　しかし，実は，大宇が1978年にアフリカ連合機構（Organaization for African Unity, OAU）首脳会議がスーダンで開催の前準備として迎賓館の建設をしたり，スーダン側が望んだタイヤ工場の建設を行ったりすることで，スーダン側の関心を韓国に引き止め，更に韓国とスーダンとの国交樹立に結び付けていったということであった。1977年に韓国とスーダンは国交樹立をするに至ったが，北朝鮮と外交関係を持つスーダンとの国交樹立は，朴正熙政権下で行われた歴史的な修交であった。

　この韓国とスーダンとの修交までの過程を考えると，大宇が全斗煥政権，盧泰愚政権時代に，対共産圏外交の非公式チャネルで活躍した状況と類似している。大宇が全斗煥政権時代に共産圏諸国と積極的な経済交流を図った背景には，こうした朴正熙政権時代における経験も影響していたのかもしれない。

　何度もいうように，大宇は後発の「新興財閥」であり，政府の政策と連動

する形でその企業活動を行って来た。最初の段階では，朴正煕大統領との
「縁」が有利に働いた側面があったかもしれないが，その後は政府と良好な
関係を構築するために，いわば政商財閥のような役割も果たしてきた。

　以上，これまで見てきたように，全斗煥政権時代，盧泰愚政権時代には，
大宇は共産圏諸国との経済関係・外交関係の構築に大きく貢献した。そし
て，その大宇の経済交流が共産圏諸国との外交関係の構築と結びついたこと
が，政府の政策決定，そして大宇の企業活動にも影響した可能性が高いこと
を指摘したい。

第4節　大宇造船工業への金融支援決定後に発生した問題

　こうして，大宇造船に対する金融支援が決定したのだが，この決定に対し
て金宇中は「支援規模や調達方法・推進形式などすべての面で株主間の出資
を通した借金の負担を解消するという当初の原則とはかけ離れている。この
決定は，大宇造船の正常化を期待するものとしては，絶対的に不十分な措
置」[49]であると主張し，韓国政府の方針に対して不満を示した。大宇側は，
その利子の負担だけでも年間1,500億ウォンに達する状況に置かれており，
今回の措置にともなう当面の利子負担の軽減効果は270億ウォンに過ぎない
と指摘し，大宇造船の正常化について，全く寄与しない方針だと主張したの
である[50]。

　さらに大宇側は「大株主の韓国産業銀行が責任を分担する出資措置を完全
に排除して，民間株主の大宇側の自救努力で全面的に負担させるなど，大宇
造船問題に対する政府の根源的責任を回避しようとする意図であると解釈せ
ざるをえない」[51]との見解を示した。これは先述した，韓国産業銀行との出
資比率の問題によるものである。韓国政府と韓国産業銀行が約束事項を守ら
なかったばかりか，大宇造船の経営状態の悪化の責任を取らずに，大宇側に
その責任を押し付けようとしているというのが，金宇中の主張であった。だ
が，このような大宇側の反発があったにもかかわらず，政府側はこれ以上支

援条件の譲歩はしないとして，3月27日に発表した支援計画を最終決定とした[52]。

　上記のように，大宇側と政府側の対立を経て決定された大宇造船への支援計画であったが，その後この計画が白紙撤回される可能性が出てきた。それは大宇造船内で発生した労働争議の影響によるものであった。大宇造船内で労働争議が頻発していたことは先にも述べたが，その状況は1989年になっても続いていた。そして，1989年5月18日に大宇造船内で大規模な労働争議が発生し，同企業の操業が停止する事態に陥った。そして，韓国政府はこうした事態を受けて，同企業への金融支援を再検討すると発表したのであった[53]。韓国国内で「大宇造船事態」と呼ばれたこの労働争議は，連日のようにその様相が新聞を始めとする各種メディアを通して全国に向けて報道される等，国民の注目を集めた。その「大宇造船事態」による大宇造船の1日の売り上げの損失額は15億ウォンにものぼり，利子負担額の4億ウォン等を合わせると，その総額はおよそ20億ウォン相当にものぼった[54]。「大宇造船事態」を始めとする労働争議により，1989年の大宇造船の当期純利益は大幅な赤字となった。その額は2,390億ウォンに上った。

　「大宇造船事態」が，発生してから1ヶ月が経つにもかかわらず，労使の間には何も決着がつかず，大宇造船の操業は停止したままの状態であった。1989年6月18日，こうした事態に韓国政府はこれ以上「大宇造船事態」が長期化し，大宇造船の経営の正常化が困難であると判断された場合には，1989年3月27日に決定した大宇造船への支援計画を白紙撤回する方針であることを明らかにした。更にその5日後には，政府は「大宇造船事態」が長期化していることを受けて，大宇造船の廃業など，最悪の事態に備えた総合対策を検討中であることを発表した。だが現時点では，大宇造船への支援計画の白紙撤回に関する最終的な決定は保留中であるとした。

　このように大宇造船に対する支援計画の白紙撤回の最終決定を政府が保留していることに対する政府の言い分としては，「政府は『大宇造船事態』の場合，原則的に私企業の労使問題であると判断しているので，政府が直ちに

白紙撤回はせずに，まずは会社側の対応が出てくる時まで，政府は事態の推移を見守る」[55]というものであった。ここからも，大宇造船への支援計画を白紙撤回するという方針を国民には示しつつ，結局はそうしないという，世論へのパフォーマンスのような韓国政府の姿勢が見て取れる。

「大宇造船事態」により，一時は政府からの支援計画が白紙撤回される可能性が浮上した大宇造船であったが，その後の事態の進展により，最終的には白紙撤回は回避されることとなった。1989年7月7日，賃金引き上げなどに関する協約書に労働者側が最終的に合意，署名し，経営の正常化および発展的労使関係の確立のための共同締結文を採択したことにより，大宇造船の労働争議が妥結したからである[56]。だがその後，大宇造船に対する支援計画実施に向けた動きは停滞していた[57]。大宇造船の高率賃金引き上げに伴う補完措置を巡って，大宇側に同企業の正常化のための資金追加を要求する政府側と，これに対して経営刷新による対処を主張する大宇側との対立が続いたためであった。

こうして停滞していた大宇造船に対する支援計画が前進することになったのは，1989年7月31日のことであった。大宇側が，大宇造船に対する支援計画の一部である自助努力分としての4,000億ウォンを，5,000億ウォンから5,500億ウォンに増額することを明らかにしたことためである。そして，つ

表 - 22　大宇造船の財務構造推移

（単位：億ウォン）

区　分	1989年6月30日	1989年12月31日	1990年6月30日	1990年12月31日
資　産	14,322	16,856	17,308	18,704
負　債	14,706	13,616	14,118	13,639
資　本	− 382	3,239	3,190	5,065
資本内訳				
資本金	6,080	10,823	11,070	13,045
資本過剰金	0	167	0	− 0.9
累積欠損金	6,462	7,585	7,881	7,891

出典：商工部『商工白書1991年版』（商工部，1991年，p. 38）。

いに1989年8月28日に開かれた,「第7次産業政策審議会(以下,第7次産審)」において,大宇造船は産業合理化事業体に指定され,正式に支援が実施された。政府の支援を受けて,大宇造船の経営が改善したことが表-22からわかる。政府が支援を実施する前の1989年6月30日には資本がマイナスだったのに対して,支援を実施した後の1989年12月31日にはそれはプラス3,239億ウォンにまで回復した。

　こうして,政府から大宇造船に対して大規模な支援が実施された。そして,大宇側も支援条件の履行に取り掛かった。だが,大宇側は政府からの支援を受けるための条件のなかの一つの自助努力である「系列企業の売却」などを履行しなかったのである。しかし,この大宇の態度が大きな問題を引き起こした。

第5節　大宇造船工業への金融支援履行後の 問題発生とその検討

　大宇は1989年8月,政府の金融支援を受けるため,自助努力分として売却することになっていた製鉄化学,大宇投資金融,豊国精油,信亜造船工業(以下,信亜造船),雪嶽開発,大宇ビルディングのうち,表-23に示した製鉄化学,豊国精油,雪嶽開発の3社を売却し,約716億ウォンを大宇造船に出資した。

　しかしその後,大宇は信亜造船の合併,大宇投資金融と大宇ビルディングの売却を進めなかったのである。このような大宇の姿勢に,韓国政府や国民からは,大宇が最終的には大宇投資金融と大宇ビルディングを売却しないつもりでいるのではないかとの懸念の声が聞かれるようになった。そして,金宇中は1990年3月31日に全経連主催のスユリアカデミーハウスで開かれた労使合同研修会に参加した際に,マスコミの取材に対して大宇投資金融及び大宇ビルディングを売却するつもりがないとの旨を明らかにしていた。金宇中は韓国政府側に同企業の売却意思がないことを伝えておらず,経済企画院,商工部の関係者たちは新聞報道を通じてこの金宇中の意思を知ることとなっ

表 - 23　系列社売却と出資状況

売却企業	売却日	譲渡先	譲渡者	売却金	大宇造船出資金額	出資日
製鉄化学	1989年8月28日	浦項製鉄	㈱大宇	64,799	64,799	1989年9月1日
			大宇財団	8,012	1,404	
豊国精油	1989年8月28日	浦項製鉄	㈱大宇	1,404	4,095	1989年9月1日
			大宇重工業	4,095		
			大宇ENG	234		
			金宇中	7,302		
			大宇財団	889		
雪嶽開発	1989年8月28日	㈱裕山 都元エクスプレス 柳昇烈	㈱大宇	1,300	1,300	1989年9月1日
計				88,035	71,598	

出典：大宇造船海洋『옥포조선소：신뢰와 열정의 30년：1973-2003（玉浦造船所：信頼と熱情の30年：1973-2003）』（大宇造船海洋，2004年，p. 241）を参考に作成。＊単位は100万ウォン

た。特に大宇ビルディングについては，韓国政府との協議で売却しないということで了解を求めたと述べたが，商工部などは「そのような了解はしていない」と主張した[58]。

　この問題については，大宇造船の金融支援問題を巡り，大宇側ばかりが責任を取らされ，財産を処分しなくてはならない状況となっていることに反発する大宇側の姿勢を見せたとも取れる出来事である。

　そしてその後，金宇中は韓国政府に対して正式に大宇投資金融の売却延期を要請したのである。だが，韓国政府はこのような大宇側からの要請を拒否した。政府は，大宇投資金融の株式を，大宇側が約束期限内である1990年3月31日までに売却しない場合は，先の産政審における決定に沿い，政府は，韓国産業銀行が売却処分権を行使して，処理を行うと警告した[59]。しかし，このような政府の警告を無視し，大宇は大宇投資金融の売却を延期する姿勢を見せた。したがって，本来3月31日に行うことになっていた売却処分の手続きを行えなくなった。これを受け，経済企画院，財務部，商工部など

関係部処が大宇投資金融の売却期限についての議論を行い，大宇投資金融の株式売却期限を3月31日ではなく4月7日までに韓国産業銀行が大宇から，大宇投資金融の株式を受け取り，これらの処分を推進するということを決定した[60]。その後，この決定に基づき，1990年4月7日，大宇投資金融の株式は大宇から韓国産業銀行に引き渡され，大宇投資金融の売却延期問題は終結した[61]。

　しかし，それから半年ほど経った1990年9月1日，金宇中は大宇ビルディングの売却除外を要請した。大宇側は，現時点で大宇造船の支援計画を履行する際の政府側との約束である4,000億ウォンを超えた自助努力は履行済みであり，大宇ビルディングの売却の必要はないと主張したのであった。この大宇側の大宇ビルディングの売却除外要請を受けて，政府は9月27日に産業政策審議会を開催した。そして，政府は㈱大宇が，1991年末までに100億ウォンを大宇造船に対して追加出資をするという条件を提示し，これを大宇側が履行すれば，大宇ビルディングを自助努力の対象企業から除外することを発表した[62]。更に，この時の発表では，大宇が9月末までに履行することになっている大宇造船への有償増資の出資期間を1990年末まで延期すること，そして，信亜造船と大宇造船の吸収合併の件と不動産の売却の件についても，1991年末まで延期することを政府は発表した。

　上記のような決定について，商工部は『商工白書1991年度版』（商工部，1992年）で，以下のように記している。

　　1989年8月に施行された大宇造船工業㈱等合理化指定業体らの合理化措置は，滞りなく推進してきており，1990年には運営上の問題により同計画の一部を修正・バックアップすることになった。この補完計画において重要とされた内容が大宇ビルディングの売却であった。この大宇ビルディングの売却に関しては，大宇系列社が4,000億ウォン以上を超過して，自助努力を履行している点と，これとは区分して，系列社入居のビルの確保の難しさなどを考慮し，自助努力の対象から除外することにするが，その代わりに大宇系列社が1991年末までに100億ウォンを大宇造船工業㈱が追加出資するようにした。1990年末までに履行することになっている㈱大宇の増資による出資と信亜造

船工業㈱の吸収合併後の不動産の売却を，それぞれ当時の株式市場の低迷
と，信亜造船工業㈱の受注物量処理期間を勘案して，1991年末まで延期した。
　（1980.8実行된 대우조선공업 (주) 등 合理化 指定業體들의 合理化 措置는 차
질없이 추진하여 오고 있으며 1990년에는 운영상 문제로 인하여 동 계획을
일부 수정・보완하게 되었다．
　동 補完計劃의 주요 내용으로 대우빌딩의 매각은 대우계열기업군이 4,000
억원 이상을 초과하여 自救努力을 이행하게된 점과 이를 구분할 경우 계열사
입주 건물 확보의 어려움 등을 고려하여 自救努力대상에서 제외토록하되 그
대신 대우계열사가 1991년말까지 100억원을 대우조선공업 (주) 에 추가출자
토록 하였으며, 1990년 9 월말까지 이행키로 되어 있는 (주) 대우의 유상증자
에 의한 출자와 신아조선종업 (주) 의 吸收・合併後 不動産 賣却은 각각 당
시 증시침체와 신아조선공업 (주) 의 受注物量 處理期間을 감안하여 1991년
말로 연기하게 되었다．) (p. 397)

　上記のような政府の姿勢に対して，政権内部から批判的な声が高まってい
た。産政審の造船合理計画案の合理化の基準8項において，韓国産業銀行が
大宇系列社から，自助努力の対象財産に対する処分委任状を請求することに
なっていたが商工部は請求していなかった。これに関して，国会商工資源委
員会『国政監査主要質疑選集：1988-1992年』(国会商工資源委員会，1994年) に
よると，国会では「商工部が先の3月に国会に提出した『大宇造船正常化方
針』という報告書を通じて，自助努力の徹底した達成を確保するために，産
業銀行は自助努力の対象財産処分の委任状を請求するといったにもかかわら
ず，未だに協議中であるということは大企業に対する特恵的支援のみにあく
せくして，権利事項は捨てている，という商工部の変更的姿勢を示してい
る」，「国民負担による支援措置は，8月28日の第7次算定審決議と同時に効
力を発生させて，大宇側の自助努力に対する財産処分委任状を1ヶ月過ぎた
現在も請求していないことから，商工部の誠実性を疑わせており，事後管理
の抜け穴を見せている」，「産政審の決議内容を見ると，財産処分委任状は大
宇側が協議事項ではなく，(韓国) 産業銀行が必ず請求するという権利事項
であるにもかかわらず (請求されていないことは)，時間だけを稼いでいるという
疑惑を示すことであり，大宇投資金融，大宇ビルディング等を売却しない可

能性があるという世間の世論を支持する」として，批判の声が上がった。

　このような批判は，大宇へのそれだけではなく，その大宇が二つの企業を売却しなくても済むような状況を作り出した商工部に対する批判でもあった。商工部に対する批判の内容は，韓国政府が大宇造船に対して，韓国産業銀行を通じた金融支援が行われたにもかかわらず，支援条件であった自助努力の財産処分に関する委任状を商工部が請求していなかったことであった。すなわちそれは，大宇に対して，政府（商工部）が大宇の自助努力の抜け道を作ったのではないかという，政権内部からの批判であった。上記のような質疑内容は，確かに商工部が財産処分に関する委任状を取っていなければ，財産が処分されない可能性があるということである。その点で見れば，大宇が財産処分を行わなくても済むような状況を，韓国政府それも商工部が作っていることになり，商工部のそのような姿勢が批判される十分な理由であったといえる。

　更に前述した，賃上げにともなう1,500億ウォンの追加出資のために，金宇中の大宇証券の持ち分である1,500億ウォン相当の株式を来年3月までに売却すると発表したことに対しても，国資委では批判が起こった。金宇中は自身の大宇証券の持ち分である，1,500億ウォン相当の株式を来年3月までに大宇重工業，大宇電子株式会社，大宇通信（Daewoo Telecom），オリオン精機等，大宇グループ系列社に1,200億ウォン，系列社以外に300億ウォン相当の株式を売却すると発表した。だが，売却するとされた株式のほとんどが大宇の系列社に売却されるとされたことから，この売却に対して懐疑的な声が聞かれた。例えば，国会では，この売却行為が右のポケットから左のポケットに移す「財布の金が袋のお金」式の自助努力ではないかとして，大宇の上記の株式売却が非難された。確かに，大宇側のこの行為が株式を「右のポケットから左のポケットに移す」と受け取られても仕方がない行為であるといえる。そして，このような大宇側の行為を容認した政府に対して国資委において懐疑的な声が聞かれたことも不思議ではない。

　このように，盧泰愚政権下では，共産圏諸国との経済交流で活躍する一方

で大宇造船の経営問題を抱えていた大宇であったが，盧泰愚政権末期になると，金宇中が大統領選挙に出馬するのではないかという声が聞かれるようになった。

第6節　金宇中と鄭周永の大統領選挙への出馬を巡る動き

　盧泰愚政権末期，現代の総帥鄭周永が政界への進出を表明し，新党を設立した。先にも見てきたように，朴正熙政権時代に巨大化し，経済力を身に付けた韓国財閥は，1980年代に入り共産圏諸国との経済交流を進める中で，これまで以上に政治に深くかかわるようになっていた。韓国財閥の総帥が政界に進出するということで，国内外で大きな話題となった。そして，鄭周永の政界進出が話題となる中で，金宇中が大統領選挙に出馬するのではないかとの声が聞かれるようになった。

　最終的には，鄭周永は大統領選挙に出馬し，金宇中は不出馬となったが，鄭周永が大統領選挙に出馬したことで，現代と盧泰愚政権との関係が悪化し，現代の経営に悪い影響を及ぼす結果となった。以下で，鄭周永の政界進出と金宇中の大統領選挙出馬をめぐる動きを見ていくこととする。

第1項　鄭周永の政界進出

　1990年代に入ると，韓国では1992年に行われる第14代総選挙，韓国大統領選挙に向けた動きが活発化していた。大統領候補の有力候補は，民主自由党（以下，民自党）の金泳三，平和民主党の金大中（Kim Dae-jung），そして，現代の総帥で統一国民党（以下，国民党）を結成して出馬した鄭周永の3人であった。韓国財閥総帥の政界への進出は，韓国国内外で大きな話題となっていた。

　鄭周永は，自身の政界への進出について「全斗煥政権が財閥解体政策をとった時に事業を守るためには政治家にならねばと決意した」[63]とし，全斗煥政権時代から政界への進出を考えていたとしている。また，大統領選挙へ

の出馬については，朴正雄『韓国経済を創った男　現代クループの祖　鄭周永伝』（日経BP社，2004年，p. 314）の中で以下のように述べている。

　　大統領中心制のシステムのなかでは，国家の運命は大統領という国家の船長に大きくゆだねられている。韓国は，国家経済が現在大病に冒されている一方で，将来の経済発展と南北韓統一への新規の取っ掛かりを作るべき21世紀の分岐点上にある。また，悪い政治風土が国を破滅させるとの考えが増えてきている。

　　今の政治家は，政治権力を行使できる力としてしか理解しておらず，それには厳粛な公約と責任が伴っていることを理解していない。

　　私は経済力とは国力であると強く信じているし，また国家の政治が正しく行われてなければ国家経済は反映しないことをこの50年間の経験からよく理解している。

　　私が座して政治家を非難し，自分や自分の事業だけを守るとしたら，社会指導層の一員としての義務を放棄していることになるとの結論に達した。

　　私の夢と目標は，政治風土と国家経済を改善し効率的な統一政策を実施するために，懸命に働く者，企業や国民のエネルギーとやる気を相乗的力として集結させることだ。

　　私が過去に多大な逆境を乗り越えて事業で成功したように，次のプロジェクトとして自分の余生を祖国と国民に捧げる大統領職5年間に挑戦する道を選択した。

　1992年韓国大統領選挙の大きな争点は，低迷する経済の立て直しであった。鄭周永は国家の政治が正しく行われておらず，そのことが経済の低迷に繋がっているとし，経済の専門家である自分自身が政治を正すという考えを全斗煥政権時代より持っていた。こうした考えを持つ鄭周永は，盧泰愚政権が成立すると「国の将来を背負える指導者は今のところ見当たらない」，「盧泰愚政権の経済目標はわからない」など同政権の経済政策を公の場で批判するようになり，盧泰愚政権と対立するようになった[64]。両者の対立が顕著となったのは，1991年11月16日に国税庁が鄭周永や2世経営者ら9人とグループ系列社に対して1,361億ウォンの追徴課税を課す告知書を送付したという出来事であった。

　具体的には，現代が系列会社間の株式の調整と創業2世間の財産分配で，株式を利用して大規模に脱税しているという疑いで現代のグループ全体系列社に対して株式移動脱税調査を進めたというものであった[65]。国税庁は，国会の税務上の国政調査の回答を通じて，「最近，現代グループ社に対して一般法人調査を実施する過程で，鄭周永名誉会長その一家の系列企業に対して所有株式取引が頻繁で特に証券取引所を通さない場外取引を利用して2世たちが株式を大量に取得したことなど変則的な事前相続贈与の疑いが明らかになった」[66]と発表したのである。

　これに対して，鄭周永は同年11月18日に記者会見を開き，国税庁の1,361億ウォンの追徴課税に関連して「納得できない」と明らかにし，「これから法に従って手順を踏む」と述べた[67]。そして，同記者会見の場で鄭周永は「現代は過去1987年4月1日から施行された政府の取引法に基づいて，相互出資株式を必然的に整理しなければならなかった」としながら，「この過程で国税調査チームと現代実務者の間に見解の違いがあったかもしれないが，脱税をしようとする考えはしたこともなかった」と述べ，脱税を否定した[68]。これに対して，国税庁は「税法に規定されている税金徴収手続きを踏んでいきたい」[69]と納期末期日以降の財産差し押さえの方針も明らかにしたのである。強気の姿勢を見せる国税庁に対して，鄭周永は「納得できない」という理由から追徴課税を拒否する姿勢を見せ，国税庁と鄭周永は大きな対立を見せることとなった。

　当時，この国税庁の鄭周永などに対する追徴課税問題について，以下のような見解が出ていた。まずは，現代に対する盧泰愚政権の報復である。1991年11月19日付け『朝日新聞』「現代財閥と盧泰愚政権，確執こじれ法廷へ　脱税ないと追徴拒否　韓国」では，「鄭名誉会長は，盧泰愚政権の政策を『成長を目指すのか，安定を志向しているのかわからない』などと批判。その一方でグループの政界進出がささやかれ，特定の政治グループに献金したとのうわさも流れている。さらに，政府を差し置いた形で中国に大型使節団を送るなど『目立った行動』をしたことが政権のげきりんにふれたともいわれてい

る」と報じている。また，一方「（前略）発言力を強めている大財閥を政権が牽制するための標的として現代が選ばれたという説や，一族経営色の強い現代グループの経営方式を『ショック療法』で近代化させ，停滞気味の韓国経済を構造面から立て直すことを狙ったとの見方もある」[70]といった見方もあった。さまざまな見解はあるものの，鄭周永と盧泰愚政権との関係が悪化したことが同問題が発生した大きな要因であったと考えられる。

　その後，鄭周永は政界進出に向けた動きを活発化させる。鄭周永は1992年1月3日，現代の仕事始めの会議で「91年末日で経営から完全に離れ，新しい仕事を始める」と表明した。それが政治であった。そして，続く1992年1月8日の午後，清雲洞の自宅で新党設立の記者会見を行った。そしてその際，鄭周永は歴代の政権に対して政治資金を提供したことを明らかにし，韓国国内で大きな注目を集めたのであった。

　鄭周永の主張は「朴正熙大統領の時は，最初は一度に5億ウォンずつ出し，最後には20億ウォンずつ出して，全斗煥大統領の時は秋夕の時に20億ウォン，年末に30億ウォンを出した」そして「第6共和国に入って，最初は第5共和国と同じく20億ウォンを出して，その後30億ウォン出してから，一度に30億ウォンずつ上がって以来，50億ウォンを出した後，最後に90年末に100億ウォンを出して政治資金を出すことを中断した」と説明したのであった[71]。

　この鄭周永の歴代の大統領に対する政治資金提供の発言を受けて，1992年1月10日に盧泰愚大統領が記者会見を行い，その席で「企業からは（困窮者）助け合いのための寄託金を受け，その意に沿って使ったことがある」と表明し，政治資金ではなかったと釈明した[72]。だが，このような盧泰愚大統領の釈明に対して野党は「臨時国会を召集し，盧大統領の出席する公聴会を開いて，真相究明へ国政調査権を発動すべきだ」[73]として，鄭周永からの政治資金の提供について追及する姿勢を見せた。

　このように，盧泰愚政権と鄭周永の対立が深まる中で，鄭周永は政界への進出を表明し，新党を設立して第14代総選挙に向けた準備を始めたのであっ

た。そして，1992年2月8日，鄭周永が主導する「仮称・統一国民党」と元
延世大学教授・金東吉（Kim Dong-gil）が主導し，その後，民自党内の大統領
候補選出投票で金泳三に敗れた李鍾賛（Lee Jong-chan）が党代表を務めた
「仮称・新韓国党」を統合して，「統一国民党」を立ち上げた。

　鄭周永が本格的に政界進出への動きを見せるようになると，盧泰愚政権
は，現代に対して，締め付けを行うようになった。現代と国民党は「政府の
陰湿な圧力で企業経営が聞きに陥り，政治活動も妨害されている」と主張
し，1992年2月末に現代の鄭周永会長と系列33社の社長が連名で「金融制裁
や税務調査で企業活動が委縮し，不渡りを出す危機に陥っている。制裁をや
めてほしい」という「嘆願書」を政府に提出したとのことであったが，政府
はそのような圧力を否定した。このように，鄭周永の新党設立以降，政府と
鄭周永との対立は深まる一方であった[74]。

　そして，1992年3月24日，韓国で第14代総選挙が実施された。選挙結果は
表-24の通りである。選挙の結果，民自党は，選挙前の194から149に議席
を減らし，民主党は63から97に議席を増やすなど，与党であるが大敗する結
果となった。第14代総選挙の結果を受けて，同選挙の最高指揮をとってきた
金泳三に対して責任を追及する声も高かったが，最終的には1992年5月に民
自党が党大会を開催し，金泳三が大統領候補に選ばれた。

表-24　第14代総選挙の政党別得票と当選者数

政党名	得票数	得票率	議席数
民主自由党	7,923,719	38.5%	149
民主党	6,004,577	29.2%	97
統一国民党	3,574,419	17.4%	31
新政治改革党	369,044	1.8%	1
無所属	2,372,005	11.5%	21
合計	20,583,812	100%	299

出典：中央選挙管理委員会『歴代選挙情報』を参考に作成。

そして，鄭周永率いる国民党は院内団体の資格を得るために必要な20議席を大きく上回る31議席を獲得した。鄭周永率いる国民党の大躍進に対して，鄭周永の５男である鄭夢憲（Chung Mong-heon）を含む現代商船の３幹部を脱税容疑で告発するなど，政府は一層現代に対する締め付けを強めた[75]。総選挙後，大統領選挙への出馬は「党論に従い，１，２か月以内に考える」としたが，最終的には1992年５月15日にソウル市内で開かれた国民党の党大会にて，鄭周永が大統領候補に選出された。

　こうして，現代の総帥である鄭周永の政界進出に大きな注目が集まる中で，大宇の総帥金宇中も大統領選挙に出馬するのではないかとの声が聞かれるようになった。

第２項　金宇中の大統領選への出馬を巡る動き

　大宇と現代は，その形成時期は異なるが，朴正煕政権下で急成長を遂げた財閥であり，政治との距離も比較的近い財閥でもあった。また，両者ともに自動車産業に力を入れるなど，進出している事業分野が類似していたこともあり，ライバル関係にあった。例えば，先行研究である深川由起子「大宇［韓国］―“光と陰”をまとう後発財閥」（『新版 アジアの財閥と企業』Ⅱ-11，日本経済新聞社，1994年））では，大宇と現代について「そもそも創業主の総帥が徒手空拳で事業を興し，共に仕事以外の趣味を持たない猛烈事業家で，近年，政治への関心を高めてきたこと（現代の鄭周永名誉会長に続いて大統領選挙出馬の噂が絶えなかった宇中会長は最近，松下政経塾のような組織の創設を発表している）など個人のキャラクターにも共通性がある，そのせいか，建設，造船，重機械，自動車を主力とした事業領域の重複が目立ち…（後略）」（p. 163）と述べている。そして，事業分野が類似しているだけではなく，両者共に共産圏諸国との経済交流を積極的に行い，北朝鮮との交流にも熱心であった。

　北朝鮮との交流については，公式的に最初に北朝鮮に訪問したのは，鄭周永であったが，非公式に最初に北朝鮮に訪問したのは金宇中であった。鄭周永が北朝鮮に最初に訪問したのは1989年９月のことであったが，金宇中が北

朝鮮を訪問したのは全斗煥政権の末期のことであった。これについて金宇中はシン・ジャンソプ『김우중과의 대화 아직도 세계는 넓고 할 일은 많다（金宇中との対話 まだ世界は広くやることは多い）』（ブックスコープ，2014年）の中で，北朝鮮との交流について「一度ヨーロッパ政府の安保担当補佐官をしている友人が『北朝鮮へ行くのだが，一緒に行かないか』と連絡をしてきた。最初に行ったのは全斗煥大統領の末期だった。そして，盧泰愚大統領，金泳三大統領の時にも継続して行くことになった」（p. 100）と述べている。全斗煥政権末期に金宇中が北朝鮮を訪問していたとなると，韓国の民間人で最初に北朝鮮を訪問したのは金宇中ということになる。

　更に金宇中は同書の中で「盧泰愚大統領の時は，北方政策が本格的に始まったではないですか。そこに寄与しようとしたのですよ。私もその前に社会主義諸国をまわって，北朝鮮問題に対して考えていたことがあり，南北関係改善に力を加えてみたかったのです。盧泰愚大統領も「私のような民間人が北朝鮮と先に接触するのがよいと判断し，私を最初から特使に任命して，北朝鮮に行けるようにしてくれたのです。総務省で公印を押して特使の任命状を受け取って，それを北朝鮮に提示して交渉を開始しました」[76]と述べ，盧泰愚政権の「北方政策」の一端を担い，特使として政府の容認の下で北朝鮮を訪問していたとしている。

　このように，政治との距離が近く，韓国の対共産圏外交の非公式チャネルで活躍した金宇中が，鄭周永のように政界へと進出するのではないかと噂されるようになったのである。しかし当初，金宇中本人が公に政界進出を表明したわけではなかった。金宇中の大統領選への出馬が噂されるようになったのは1992年10月のことである。1992年10月24日付け『東亜日報』は「金宇中大宇グループ会長が14代大統領選挙への立候補を積極的に検討していることが分かった」と報じた。同紙によると，「金会長は，このためにそれまで周囲のものに会い，自身の出馬意思を明らかにした後，世論を聞くなど活発な準備作業をして来たことがわかった」とし，「金会長が出馬する場合は李鍾賛，金龍煥，朴哲彦委員などが主導している『新韓国党（1992年）』の推戴を

希望していると伝えられた」と報じた。新韓国党は，民自党の旧正党系の李鍾賛が民自党から脱党し結成した政党である。新韓国党いわゆる反金泳三派が集まった政党であり，同党の動きによっては，支持基盤が同じである民自党の金泳三の得票数に影響が出るこが予想された[77]。

　こうした報道に対して，金宇中は「私は知らないことであり，そのような提案を受けたことはない」[78]と大統領選挙への出馬を否定した。だがその後，金宇中は大統領選挙への出馬を示唆する発言をして再度注目を集めることとなる。1992年10月28日付け『東亜日報』「출마때 관계정립 관심 金宇中씨 진짜 손뗄까（大統領選挙出馬時関係対立関心　金宇中氏本当に手を引くか）」によると，金宇中は，1992年10月27日の夜，日本訪問を終えて金浦空港に到着し，記者たちと会い「私は事業をして事業で終わろうとするのが本心だが，そのような与件がだめなら，誰でも（政治に）乗り出すことができると見ている」といい，新韓国党で候補推戴される場合は大統領候補に乗り出す意思をほのめかしたという。また，金宇中は，記者の企業の政治参加の姿勢を問う質問に対し，「企業を完全に整理しなければならない思う」と明らかにし，（大統領選挙に）出馬する場合，大宇を手放すという意思を示した。

　こうした金宇中の動きを受けて，1992年10月28日，盧泰愚大統領は大統領府で柳赫仁（Ryu Hyeok-in）公報部長官，金東益（Kim Dong-ik）政務1長官などとの昼食会をする中で「国を代表する企業の責任者は，内部経営が困難な時点で，企業を軌道に乗せる努力に先立って，政治全面に出るのは望ましくない」と懸念を示したという[79]。

　しかし，その後事態は一転し，1992年10月29日にヒルトンホテルで行われた記者会見にて，「政治が改革されなければならないという所信に変わりはないが，現在のような状況では出馬できないという結論に達した」[80]とし，大統領選挙への不出馬を表明した。そして，その際「誰からも圧力はなかった」，「大統領府とは全く接触がなかった」[81]と述べた。

　それでは，なぜ金宇中は大統領選挙に出馬しなかったのだろうか。まず，考えられるのは資金不足である。先にも見てきたように，当時の大宇は経営

破綻寸前の大宇造船を抱え，同企業が経営破綻すれば，グループ全体が解体されかねない状況であった。

　次に考えられるのは，政府からの圧力である。大統領選挙への出馬について金宇中は「誰からも圧力はなかった」としているが，盧泰愚大統領が金宇中の政治参加に対して懸念を示すなど，間接的な圧力はあったと考えるのが妥当である。現代のように，総帥が政界に進出したことで，グループの経営に悪影響を及ぼす可能性もあり，時の政権との対立を回避したとも考えられる。また，当時は明るみにならなかったが，金宇中は1987年４月２日にフランス国籍を取得し，事実上韓国国籍を失っていた[82]。金宇中のフランス国籍取得については「東欧圏に進出するためにフランス国籍を取得した」とされており，政府が全く認識していなかったとはいい難い。韓国国籍を有しない金宇中が韓国大統領選挙に出馬し，後にフランス国籍であることが明かるみになれば大きな問題となったであろう[83]。

　結果として，現代の鄭周永は政界に進出し，大宇の金宇中は政界に進出しなかった。この両者の決断は，大宇と現代のその後の企業経営に大きな影響を及ぼした。

　1992年韓国大統領選挙では，最終的に金泳三が当選し大統領となったが，大統領選挙に出馬した鄭周永と現代は金泳三大統領から報復措置を受けることとなった。例えば，鄭周永は選挙法違反で在宅起訴されたし，現代には海外での証券発行や韓国産業銀行からの設備資金導入などを認めないなど，事実上の金融制裁を受けた。

　鄭周永は，当時のことを朴正雄『韓国経済を創った男　現代クループの祖　鄭周永伝』（日経BP社，2004年，p. 315）で以下のように述べている。

　　　私が大統領選挙に出馬して落選したのは，私の人生で最大の失敗だと言っている人たちが居ることは承知しているが，私は同意しない。確かに落選は苦い思い出であり，大統領選挙の競争者であった金泳三政権から５年もの間，政治的報復や屈辱を受けたことは大変辛かった。しかし，私は自分が失敗者だとは思わない。

　　残念ながら失敗者は，挟んで国をつぶした大統領を選び，そのおかげで被
　害を一番蒙った国民だ。それ以上に最大の失敗者は，国を破綻させたとして
　永久に歴史に刻まれる選出された大統領だ。私は公民に選ばれなかった。

　鄭周永が政界に進出したことにより，鄭周永だけではなく，現代に対して
も金融制裁が行われるなど，金泳三政権下で現代は苦しい企業活動を強いら
れることとなった。この金融制裁は1995年になり事実上解除された。1995年
３月に現代自動車が申請していた9,000万ドルの海外預託証券の発行が認可
されたのである。そして，1995年８月19日に金泳三大統領と鄭周永が，1992
年の大統領選挙以来初めて公式の会談を行い，両者は和解することとなっ
た。同会談で金泳三は「和解と和合の精神」で対立を解消する考えを示し，
鄭周永は政界への進出を謝罪し，二度と政治に関与しないことを約束し
た[84]。

　一方，大宇の金宇中は，金泳三政権が成立すると，同政権の主要政策の一
つである「世界経営」を掲げて，旧共産圏諸国へと大々的に進出し，その事
業を広げることに成功した。

　結果的に，大統領選挙に出馬した鄭周永，そして現代系列社は，金泳三に
より報復措置を受けることとなり，同政権下での企業活動に支障がでること
となった。一方，大統領選挙への出馬の動きを見せながらも不出馬となり，
経営活動に力を注ぐこととなった金宇中は，それまで積極的に進出を試みて
いた，旧東欧共産圏国家やアフリカなどの途上国を中心として海外進出に成
功した。金宇中が鄭周永のように大統領選挙に出馬して落選していた場合，
大宇の「世界経営」の実現は困難であったと考えられる。

注
（１）　産業支援部基幹製造産業本部自動車造船チーム（編）『대우조선 경영 정상화 방
　　　안 논의의 경과（大宇造船経営正常化方案論議経過）』（1988年，大韓民国国家記録
　　　院管理番号 DA0047889，通番0180）。
（２）　産業支援部基幹製造産業本部自動車造船チーム（編）『대우조선 경영 정상화 방
　　　안 논의의 경과（大宇造船経営正常化方案論議経過）』（1988年，大韓民国国家記録
　　　院管理番号 DA0047889，通番0178）。

（3）　同上。

（4）　産業支援部基幹製造産業本部自動車造船チーム（編）『대우조선 경영 정상화 방안 논의의 경과（大宇造船経営正常化方案論議の経過）』（1988年，大韓民国国家記録院管理番号DA0047889，通番0180-192）。

（5）　産業支援部基幹製造産業本部自動車造船チーム（編）『대우조선 경영 정상화 방안 논의의 경과（大宇造船経営正常化方案論議の経過）』（1988年，大韓民国国家記録院管理番号DA0047889，通番0193）。

（6）　産業支援部基幹製造産業本部自動車造船チーム（編）『대우조선 경영 정상화 방안 논의의 경과（大宇造船経営正常化方案論議の経過）』（1988年，大韓民国国家記録院管理番号DA0047889，通番0192）。

（7）　産業支援部基幹製造産業本部自動車造船チーム（編）『대우조선 경영 정상화 방안 논의의 경과（大宇造船経営正常化方案論議の経過）』（1988年，大韓民国国家記録院管理番号DA0047889，通番0180）。

（8）　同上。

（9）　産業支援部基幹製造産業本部自動車造船チーム（編）『대우조선 경영 정상화 방안 논의의 경과（大宇造船経営正常化方案論議の経過）』（1988年，大韓民国国家記録院管理番号DA0047889，通番181）。

（10）　産業支援部基幹製造産業本部自動車造船チーム（編）『대우조선 경영 정상화 방안 논의의 경과（大宇造船経営正常化方案論議の経過）』（1988年，大韓民国国家記録院管理番号DA0047889，0182）。

（11）　産業支援部基幹製造産業本部自動車造船チーム（編）『대우조선 경영 정상화 방안 논의의 경과（大宇造船経営正常化方案論議の経過）』（1988年，大韓民国国家記録院管理番号DA0047889，通番0183）。

（12）　産業支援部基幹製造産業本部自動車造船チーム（編）『대우조선 경영 정상화 방안 논의의 경과（大宇造船経営正常化方案論議の経過）』（1988年，大韓民国国家記録院管理番号DA0047889，0185）。

（13）　同上。

（14）　「대우, 헝가리와電子合作（大宇，ハンガリーと電子合作)」『毎日経済新聞』1988年7月27日。

（15）　「헝가리와 2개 合作社 合意（ハンガリーと2つ合作社合意)」『毎日経済新聞』1988年11月23日。

（16）　「대우, 헝가리, 合作 韓銀서 승인보류（大宇，ハンガリー合作韓銀で承認保留)」『毎日経済新聞』1988年12月24日。

（17）　木宮正史「朴正熙政権の対共産圏外交―1970年代を中心に―」（『現代韓国朝鮮研究』（第11号，現代韓国朝鮮学会，2011年，p. 5)。

（18）　ドン・オーバードーファーロバート・カーリン著・菱木一美訳『二つのコリア 第三版』（共同通信社，2015年，p. 190)。

（19）　同上，p. 191。

（20）　同上。

(21)　「中国香港経由で対韓貿易」『朝日新聞』1981年9月9日。

(22)　「韓国が直輸入ソ連ストウダラ」『朝日新聞』1980年1月15日。

(23)　「韓国の会議にまたソ連代表」『朝日新聞』1983年3月30日,「ソ連人のIPU幹部
　　　が訪韓」『朝日新聞』1983年7月24日。

(24)　外交通商部外交安保研究院編『한국외교의 도약：소련・동구권 국가와의 수교
　　　（韓国外交の跳躍：ソ連・東欧圏国家との修交）』（外交通商部外交安保研究院,
　　　2003年, p. 35）。

(25)　同上, pp. 34-35。

(26)　金成浩「韓国の北方政策とソ連―秘密外交（1988-1990年）に関する新資料を中
　　　心として」（『政策科学・国際関係論集』第8巻, pp. 27-49, 2006年）。

(27)　「韓・헝가리교류 산파역은 企業人（韓・ハンガリー交流産婆役は企業人)」『毎
　　　日経済』1988年1月28日。

(28)　商工部は1983年末にハイテク産業新興のためのガイドラインを発表し,電子製
　　　品は総生産量の40％に制限し,コンピュータ,半導体,電子交換システム等のハ
　　　イテク分野の割合を増加させる政策をとった。

(29)　「88年以降　中国市場に熱い目（韓国の素顔35)」『朝日新聞』1985年7月27日。

(30)　同上。

(31)　「韓国産業界に高まる中国熱　進出方式の手引も登場（国際経済リポート)」『朝
　　　日新聞』1985年1月20日。

(32)　同上。

(33)　「88年以降　中国市場に熱い目（韓国の素顔35)」『朝日新聞』1985年7月27日。

(34)　「直接貿易促す初の覚書交換　中韓の民間団体」『朝日新聞』1988年7月27日。

(35)　「韓中貿易　中国熱高める韓国経済界（国際経済リポート)」『朝日新聞』1988年
　　　6月14日。

(36)　「1985년 양파무역, 헝가리 교역 포문 열다（1985年玉ねぎ貿易,ハンガリーと
　　　の交易の口火を切る)」『アジア経済』2014年1月31日, https://www.ajunews.
　　　com/view/20140130214850700（2021年6月30日最終閲覧）。

(37)　鄭章淵『韓国財閥史の研究　分断体制資本主義と韓国財閥』（日本経済評論社,
　　　2007年, p. 201）。

(38)　同上。

(39)　産業資源部貿易投資室欧米協力課（編）『헝가리 상호무역협력협정（ハンガ
　　　リー商工貿易協力協定)』所収「대한상의 헝가리상의간 협력의정서 체결 추진에
　　　의견조회（大韓商工会議所ハンガリー商工会議所間協力議定書締結推進に意見照
　　　会)」（1989年, 大韓民国国家記録院管理番号, BA0786666, 通番020）。

(40)　外交通商部外交安保研究院編, 前掲書, p. 39, 40。

(41)　産業資源部貿易投資室欧米協力課（編）『헝가리 상호무역협력협정（ハンガ
　　　リー商工貿易協力協定)』所収「협력의정서（헝가리상의측 시안)（協力議定書
　　　（ハンガリー商工会議所側の試案))」（1989年, 大韓民国国家記録院管理番号,
　　　BA0786666, 通番006-007）。

(42)　産業資源部貿易投資室欧米協力課（編）『헝가리 상호무역협력협정（ハンガ
リー商工貿易協力協定）』所収「헝가라상의 및 대한무역진흥공사간 합의서 체결
（ハンガリー商工会議所と大韓貿易振興公社間合意書締結）」（1989年，大韓民国国
家記録院管理番号，BA0786666，通番020-021）。

(43)　産業資源部貿易投資室欧米協力課（編）『헝가리 상호무역협력협정（ハンガ
リー商工貿易協力協定）』所収「헝가라상의 및 대한무역진흥공사간 합의서 체결
（ハンガリー商工会議所と大韓貿易振興公社間合意書締結）」（1989年，大韓民国国
家記録院管理番号，BA0786666，通番020-021）。

(44)　「金賢姫ら2人の足取りをハンガリーが裏付ける　大韓機事件」『朝日新聞』1988
年2月19日。

(45)　大宇グループよりも先に，三星グループがハンガリーとの合作投資の合意覚書
を交換しているが，その額は500万ドルと小規模であった。また，大宇グループと
ハンガリーとの合弁契約は，1988年10月に常駐代表部を開設して以来，最初の合
弁契約であり，韓国とハンガリーとの間でもとても重要であった事を強調したい。

(46)　シン・ジャンソプ『김우중의 대화 아직도 세계는 넓고 할 일은 많다（金宇中
との対話まだ世界は広くやることは多い）』（ブックスコープ，2014年，pp.
89-90）。

(47)　同上，p. 90。

(48)　同上。

(49)　「대우 "정상화미흡" 거부（大宇『正常化不十分』拒否）」『京郷新聞』1989年3
月28日。

(50)　同上。

(51)　同上。

(52)　『日本経済新聞』1989年3月28日。

(53)　「대우조선 노사분규 발생땐 지원재검토（大宇造船労使紛糾 発生時は政府支援
再検討）」『京郷新聞』1989年5月18日。

(54)　「정부, 대우조선경영 정상화 안될땐 지화백지화거듭 강조（政府，大宇造船経
営正常化できない時は支援白紙撤回重ねて強調）」『毎日経済』1989年6月19日。

(55)　「지원계획 백지화결정 정부, 당분간유보기로（支援計画 白紙撤回決定 政府，
当分の間留保することに）」『京郷新聞』1989年6月23日。

(56)　「대우조선 노사 협약 정식서명（大宇造船労使協約正式署名）」『東亜日報』
1989年7月7日。

(57)　「자구 확대로 정상화 박차（自救拡大で正常化拍車）」『京郷新聞』1989年7月31
日。

(58)　「대우 계열사 안팔면 정부 지원중단 검토（大宇系列社 売らなければ政府支援
中断検討）」『毎日経済』1990年3月12日。

(59)　「대우투금매각연기불허（大宇投金 売却延期不許可）」『毎日経済』1990年3月
31日。

(60)　「대우투금 매각 연기 거부（大宇投金売却延期拒否）」『東亜日報』1990年3月31

日，「大宇投金賣却延期不許（大宇投金売却延期不許可）」『毎日経済』1990年 3 月
31日。
(61)　「大宇投金 株式産銀側に 引渡（大宇投金株式産銀側に引き渡し）」『毎日経済』
1990年 3 月31日。
(62)　「大宇빌딩 賣却除外（大宇ビルディング売却除外）」『毎日経済』1990年 9 月28日。
(63)　「現代グループ名誉会長，盧政権に巨額資金 90年末だけで16億円」『朝日新聞』
1992年 1 月 9 日。
(64)　「現代グループに脱税疑惑 政権批判のしっぺ返し？ 韓国」『朝日新聞』1991年
10月 9 日。
(65)　「現代株式이동 조사（現代株式移動調査）」『毎日経済』1991年10月 3 日。
(66)　同上。
(67)　「現代 "추징세금 못내겠다"（現代『追徴課税払えない』）」『東亜日報』1991年
11月18日。
(68)　同上。
(69)　同上。
(70)　「現代財閥と盧泰愚政権，確執こじれ法廷へ 脱税ないと追徴拒否 韓国」『朝日
新聞』1991年11月19日。
(71)　「"政治資金 한번에100億까지 겠다" 鄭周永씨발언 파문（『政治資金一度に100億
まで払った』鄭周永氏の発言波紋）」『東亜日報』1992年 1 月 9 日。
(72)　「現代グループ・鄭周永氏からの資金提供・盧大統領が実質認める」『朝日新聞』
1992年 1 月10日夕刊。
(73)　「野党 臨時国会を要求 盧泰愚大統領の献金問題で退陣迫る可能性も 韓国」
『朝日新聞』1992年 1 月14日。
(74)　「現代グループ VS 盧政権，選挙を前に泥沼化の韓国」『朝日新聞』1992年 3 月
3 日。
(75)　1992年 4 月 9 日付け『朝日新聞』によると「韓国国税庁は 8 日，財閥企業「現
代」グループ」の系列会社，現代商船が昨年末まで 5 年間にわたり，会計簿を捏造
し，脱税を重ねて約300億ウォンを他の用途に流用したとして，鄭夢憲副会長ら同
社幹部 3 人を特定犯罪処罰法違反などで検察当局に告発した」というものである。
(76)　金宇中は『金宇中との対話　まだ世界は広くやることは多い』の中で「韓国が
北朝鮮と最初に作成した合意書（南北基本合意書，正式名称は「南北間の和解と
不可侵および交流・協力に関する合意書」1991年12月13日］）は（私が）盧泰愚大
統領の特使として行って開始になったのです。南北が全てよくなればいいなとい
う気持ちで 2 年半を越えて一生懸命働いた。私は忙しい中にも月に 1 回程度北朝
鮮に行ってきたから。最終的には合意書が作成され，その際はとても感激しまし
た。合意書の内容を確定した後でも，北朝鮮の言葉と韓国語が違う文字を修正す
るのに数回行きました」（p. 101）と述べている。
(77)　「新栄の候補擁立に関心 韓国大統領選に向け遊説がスタート」『朝日新聞』1992
年10月27日。

(78)　「김우중 대선출마 검토（金宇中大統領選出馬検討）」『ハンギョレ新聞』1992年
　　　10月25日。
(79)　「盧대통령“金宇中출마”우려（盧大統領『金宇中出馬』憂慮）」『京郷新聞』
　　　1992年10月29日。
(80)　「김우중씨“大選 불출마”（金宇中氏『大統領選挙』不出馬）」『東亜日報』1992
　　　年10月29日。
(81)　同上。
(82)　「金宇中前会長は韓国人でなかった　18年前にすでに仏国籍に」『KBS　world
　　　radio』2005年 6 月15日，http://world.kbs.co.kr/service/news_view.htm?lang=
　　　j&Seq_Code=17555（2020年11月29日最終閲覧）
(83)　「법무부, 김우중씨 국적회복 허가（종합）（法務部，金宇中氏国籍回復許可（総
　　　合））」『連合ニュース』2005年 7 月 8 日。
(84)　「金泳三・韓国大統領，鄭・現代名誉会長と和解 会長は政界進出を謝罪」『朝日
　　　新聞』1995年 8 月20日。

終　章

　第1章から第3章までをまとめると，大宇が政商性が強い財閥であること
が明らかとなった。大宇は，後発の「新興財閥」であり，経営基盤が弱くて
資金力に乏しい大宇がその事業を拡大するためには，時の政権と良好な関係
を築き，時の政権の政策に連動した企業活動を行う必要があった。

　朴正煕政権下で大宇実業を設立した大宇は，繊維製品の輸出に成功し，資
金を得た後，朴正煕政権から経営破綻寸前の「不実企業」の経営権を引受け
ることで，多角的な事業展開を行った。大宇が引受けた「不実企業」の経営
権の一つに玉浦造船所の経営権があった。これまで，大宇の「買収作戦」の
一つとして位置付けられていた玉浦造船所の経営権であったが，朴正煕政権
の重化学工業育成政策推進のために，大宇が玉浦造船所の経営権を半ば強引
に引受けさせられたことが明らかになった。

　そして，その引受けの際には，大宇が正常経営していくための支援条件が
約束された。だが，その直後に突如として朴正煕政権が崩壊し，政権交代が
起きたために，その支援条件が履行されない事態が発生した。そして，全斗
煥政権下でその支援条件が履行されなかったうえに，世界的な造船不況や大
規模な労働争議が発生し，大宇造船は経営破綻寸前の状態に陥った。

　そして，盧泰愚政権時代に，大宇は政府に対して同企業への金融支援を要
請したのだが，世論を無視できない盧泰愚政権は，同企業への金融支援を回
避する姿勢を見せた。しかし，この時期になると，韓国財閥の経済力は巨大
化しており，韓国財閥の一企業の経営破綻が，国民経済や政治的・社会的に
大きな影響を及ぼすことが懸念された。本書で指摘したように，当時の韓国
財閥は，積極的に海外進出を展開しており，その海外展開が共産圏諸国にも

行われていた。これは，大宇だけではなく，他の三星，現代なども同様で
あった。特に大宇は，1970年代に多くの「不実企業」の経営権を引受けたこ
とで，1980年代はその構造調整に手間取り，他の財閥に比べて目立った海外
進出は見られなかった。しかし，その裏では，金宇中は中国，ソ連，北朝
鮮，東欧共産圏国家などに積極的に経済交流を行い，結果的にその経済交流
が政府の外交政策に貢献するものとなった。特に，韓国の対共産圏外交の突
破口となったハンガリーには，1980年代前半から接触をしており，両国の経
済関係構築において重要な役割を果たした。

　そして，その両国の外交関係構築へ向けた動きが活発化した頃，大宇造船
の経営破綻問題が表面化し，金宇中が韓国政府に対して金融支援を要請した
のであった。この時期の金融支援の要請は，ある意味では，ソウルオリン
ピックの成功を経て盧泰愚政権の「北方政策」が本格化するなかで，今後の
共産圏諸国への事業展開のために，自身が抱える「不実企業」の問題を処理
しようとした大宇側の経営戦略とも取れる。そして，韓国政府側は，国民経
済，政治的，社会的な影響を考慮せざるを得ず，当時強い影響力を持つよう
になっていた世論，すなわち，政府と財閥との癒着関係を疑う世論を念頭に
置きながらも，大宇造船への金融支援を行わなければならなかった。一方，
朴正熙政権から全斗煥政権にかけて，韓国政府が大宇造船への約束事項を守
らなかったとの姿勢を崩さない金宇中は，対世論向けに大宇側の責任ばかり
を追及する盧泰愚政権による金融支援に対して反発した。大宇造船の経営破
綻は免れたものの，朴正熙政権によって玉浦造船所の経営権を半ば強引に引
受けさせられた大宇にとっては，韓国政府側の責任逃れとも取れる姿勢で
あった。だが，すでに二度に渡って政権が交代しており，そのことを追及す
ることは困難であった。

　そして，盧泰愚政権の末期，現代の鄭周永は大統領選挙に出馬し，金泳三
大統領に報復措置を受けることとなり，グループの経営に悪影響を与えた。
一方，大宇の金宇中は出馬を検討しながらも最終的には不出馬となり，その
後，金泳三政権下で大々的に世界経営を展開することとなった。

　このように，一つの財閥を通じて政治の視点から韓国財閥を考察すると，時の政権とのかかわりが韓国財閥の企業活動に大きな影響を与えていたということがわかる。政府と財閥の関係は，大統領と財閥総帥の個人的な「縁」関係のみによって構築されるものではなく，両者が互いに利害を一致させながらその関係を構築していた。したがって，両者の関係が悪化すれば，財閥の企業活動が不利になることもあった。また，政権の交代は，朴正熙政権から全斗煥政権にかけた政府の約束不履行問題に見られたような断絶された側面と，全斗煥政権から盧泰愚政権にかけた対共産圏外交に見られたような連続した側面がある。この政権間の断絶と連続に伴う影響を韓国財閥も受けていた。

　こうしたことは，大宇だけではなく，影響の大きさの違いはあれ，他の財閥企業にもいえることである。したがって，韓国財閥を分析する際には，経営史・経済史の視点からの研究だけでは分析しきれない側面があり，政治の視点からの分析も必要であることを強調したい。

　また，今後の課題は，1999年の大宇の解体を政治史の視点から考察することである。先行研究では，大宇の解体の要因は，金宇中の無謀な経営拡大路線によるものだとされる傾向にある。しかし，金宇中は大宇の解体が政治的意図をもって行われたと主張しているし，本書で明らかにしたように大宇は政商性が強い財閥であり，その企業活動は政治に左右されてきたという側面を有している。そのため，大宇の解体を政治史の視点から考察することも必要だと考える。

参考資料・文献

　以下，参考資料や文献を未刊行のものと刊行されているものに大別し，刊行されているものについて著書・論文・新聞雑誌記事に分類し，それぞれ日本語，韓国語，英語に分けた。また，インターネットによるものは末尾に項を設けて示した。

未刊行のもの

〈大韓民国国家記録院所蔵〔韓国語〕〉

1. 産業支援部基幹製造産業本部自動車造船チーム（編）『대우조선의 옥포조선소 인수 경위（大宇造船の玉浦造船所引受け経緯）』（1988年，大韓民国国家記録院所収，管理番号 DA0047888）。
2. 産業支援部基幹製造産業本部自動車造船チーム（編）『대우조선 경영 정상화 방안 논의의 경과（大宇造船経営正常化方案論議の経過）』（1988年，大韓民国国家記録院管理番号 DA0047889）。
3. 産業資源部貿易投資室欧米協力課（編）『헝가리 상호무역협력협정（ハンガリー商工貿易協力協定）』（1989年，大韓民国国家記録院管理番号，BA0786666）。

〈大韓民国国会図書館所蔵〔韓国語〕〉

1. 経済企画院『主要経済指標』（1987年）。
2. 国会『국정감사결과시정및처리사항：한국산업은행（国政監査結果是正および処理事項：韓国産業銀行）』（ソウル，国会事務局，1989年）。
3. 国会『국정감사결과시정및처리사항：경제기획원（国政監査結果是正および処理事項：経済企画院）』（ソウル，国会事務局，1989年）。
4. 国会『재무위원회 회의록 제101회（5차）（財務員会会議録第101回（5次））』。
5. 国会『재무위원회 회의록 제101회（6차）（財務員会会議録第101回（6次））』。
6. 国会商工資源委員会『国政監査主要質疑選集：1988-1992年』（国会商工資源委員会，1994年）
7. 商工部『商工白書，1965年』（商工部，1965年）。
8. 商工部『商工白書，1989年』（商工部，1989年）。

９．商工部『商工白書，1991年』（商工部，1991年）。

〈論　文〉
〔日本語〕
１．百成政秀「韓国の政府―財閥間関係の制度分析：大宇グループに焦点を当て
　　て」（神戸大学博士論文，2008年）。
２．服部民夫「韓国の経営発展」（九州大学博士論文，1991年）。
〔韓国語〕
１．ソン・チウ「북방정책에 관한 연구：기원・모색・정착：6.23선언에서 7.7선
　　언까지（北方政策に関する研究：起源・摸索・定着：6.23宣言から7.7宣言まで）」
　　（北朝鮮大学院大学校博士論文，2015年）。
２．韓仁燮「韓國의 産業過程에 있어서 國家役割의 變化에 關한 研究―大宇
　　造船 正常化方案을 中心으로―（韓国の産業過程における国家役割の変化に関
　　する研究―大宇造船正常化方案を中心として―）」（ソウル大学校，行政大学院，行
　　政修士論文，1999年）。

刊行されているもの
〈著　書〉
〔日本語〕
１．アンドリュー・ジェニングス著・野田春夫監訳『オリンピックの汚れた貴族』
　　（サンエンティスト社，1998年）。
２．李秉喆『市場は世界にあり』（講談社，1986年）。
３．池東旭『韓国の族閥・軍閥・財閥　支配集団の政治力学を解く』（中公新書，
　　1997年）。
４．井上隆一郎『新版　アジアの財閥と企業』（日本経済新聞社，1994年）。
５．内橋賢悟『50-60年代の韓国金融改革と財閥形成　「制度移植」の思わざる結
　　果』（新評論，2008年）。
６．木宮正史『国際政治のなかの現代韓国史』（山川出版，2012年）。
７．金宇中『未来は君の手の中に』（プレジデント社，1990年）。
８．慎斗範『韓国政治の現在　民主化へのダイナミクス』（有斐閣，1993年）。
９．朝鮮日報経済部著・鶴眞輔訳『韓国財閥25時　経済発展の立役者たち』（同友

館，1985年）。

10. 鄭章淵『韓国財閥史の研究　分断体制資本主義と韓国財閥』（日本経済評論社，2007年）。

11. 鄭周永著・金容権訳『危機こそ好機なり　21世紀アジアの挑戦』（講談社，2000年）。

12. ドン・オーバードーファー，ロバート・カーリン著・菱木一美訳『二つのコリア　国際政治の中の朝鮮半島　第三版』（共同通信社，2015年）。

13. 服部民夫・大道康則『韓国の企業人と経営　有力20財閥・200社の戦略』（日本経済新聞社，1985年）。

14. 朴正雄著・本田務・青木謙介訳『韓国経済を創った男　現代グループの祖鄭周永伝』（日経BP社，2004年）。

15. 朴東洵『韓国財閥のリーダーたち』（東洋経済新報社，1992年）。

16. 松本厚治・服部民夫編著『韓国経済の解剖―先進国移行論は正しかったのか―』（文眞堂，2001年）。

〔韓国語〕

1. 李鍾宰『재벌이력서（財閥履歴書）』（韓国日報，ソウル，1993年）。

2. 李ハング『한국재벌형성사（韓国財閥形成史）』（比峰出版社，ソウル，1999年）。

3. 外交通商部外交安保研究院（編）『한국외교의 도약：소련・동구권 국가와의 수교（韓国外交の跳躍：ソ連・東欧圏国家との修交）』（外交通商部外交安保研究院，2003年）。

4. 韓国経済新聞特別取材チーム『김우중 비사：대우그룹 자살인가 타살인가（金宇中の秘史：大宇グループは自殺か他殺か）』（韓国経済新聞社，2005年）。

5. 金宇中『세계는 넓고 할 일은 많다（世界は広くやることは多い）』（キムヨン社，2008年）。

6. 金宇中『김우중 어록 나의 시대, 나의 삶, 나의 생각（金宇中語録　私の時代，私の人生，私の考え）』（ブックスコープ，2017年）。

7. キム・ドンウン『한국의 대규모기업집단 30년 1987-2016①（韓国の大規模企業集団30年 1987-2016①）』（韓国学術情報，2019年）。

8. キム・ドンウン『한국의 대규모기업집단 30년 1987-2016②（韓国の大規模企業集団30年 1987-2016②）』（韓国学術情報，2019年）。

9. 京郷新聞『巨塔의 内幕：四大財閥總帥의 經營秘訣（巨塔の内幕：四大財閥総帥

の経営秘訣)』(京郷新聞出版局, ソウル, 1982年)。

10. 趙東成『한국재벌연구 (韓国財閥研究)』(毎日経済新聞社, 1990年)。

11. 大宇造船海洋『옥포조선소: 신뢰와 열정의 30년: 1973-2003 (玉浦造船所: 信頼と熱情の30年: 1973-2003)』(大宇造船海洋, 2004年)。

12. 中央日報金鐘泌証言録チーム『김종필증언록 1, 2 (金鐘泌証言録)』(中央日報, 2016年)。

13. チェ・ジョンピョ『한국재벌사연구 (韓国財閥史研究)』(図書出版ヘナム, 2014年)。

14. チョ・ドンソン, イ・ムンヨル, シン・ソングン, チョ・ナムホ, ハン・サンジン著『김우중 신문배달원에서 세계최고경영자까지 (金宇中　新聞配達員から世界最高の経営者まで)』(イージーブック, 2005年)。

15. 鄭周永『시련은 있어도 실패는 없다 (試練はあっても失敗はない)』(第三企画, 2009年)。

16. 鄭周永『이 땅에 태어나서 나의 살아온 이야기 (この地にうまれて私の生きてきた話)』(ソル, 2015年)。

17. シン・ジャンソプ『김우중과의 대화 아직도 세계는 넓고 할 일은 많다 (金宇中との対話まだ世界は広くやることは多い)』(ブックスコープ, 2014年)。

18. 朴炳潤『財閥과　政治 (財閥と政治)』(韓国日報, 1982年)。

19. 朴哲彦『바른 역사를 위한 증언 1 (正しい歴史の為の証言 1)』(ランダムハウス中央, 2005年)。

20. 朴哲彦『바른 역사를 위한 증언 2 (正しい歴史の為の証言 2)』(ランダムハウス中央, 2005年)。

21. ハム・ソンドゥク『김영삼 정부의 성공과 실패 (金泳三政府の成功と失敗)』(ナナム出版, 2001年)。

22. ホ・ヨンソプ『영원한 도전자 정주영 (永遠の挑戦者鄭周永)』(ナナム出版, 2015年)。

〈論　文〉

〔日本語〕

1. 石崎菜生「韓国の重化学工業化政策と『財閥』—朴正煕政権期の造船産業を事例として—」(『研究双書 (508)／発展途上国の国家と経済』第 1 章, アジア経済

研究所編・刊, 2000年, pp. 17-58, 所収)。

2. 石崎菜生「韓国の重化学工業化政策―開始の内外条件と実施主体―」(『研究双書 (464) ／韓国・台湾の発展メカニズム』第2章, アジア経済研究所, 1996年, pp. 65-86, 所収)。

3. 今野昌信「朴政権の経済開発計画にみる市場戦略」(『高崎経済大学論集』第54巻第1号, 2011年, pp. 1-pp. 14, 所収)。

4. 上村祐一「韓国の財閥―1―その形成過程」(『アジア研究所紀要』通号第6号, 亜細亜大学アジア研究所, 1979年, pp. 260-221, 所収)。

5. 梶村秀樹「〈研究ノート〉80年代韓国の労働経済と労働政策：労働争議同時多発の背景〜」(『経済貿易研究：研究所年報 (神奈川大学経済貿易研究)』神奈川大学, 1988年, pp. 101-109, 所収)。

6. 金淑賢「韓国の北方外交の概念と進展, そして評価」(『現代韓国朝鮮研究』第11号, 現代韓国朝鮮学会, 2011年, pp. 31-43, 所収)。

7. 金洪楹「韓国政治における『労働者政治勢力化』の問題―1987年から1992年までの労働者と指導部間の乖離を中心として」(『九大法学』第88号, 九大法学会, 2004年, pp. 206-166, 所収)。

8. 金成浩「韓国の北方政策とソ連―秘密外交 (1988-1990年) に関する新資料を中心として」(『政策科学・国際関係論集』第8号, 2006年, pp. 27-49, 所収)。

9. 木宮正史「朴正熙政権の対共産圏外交―1970年代を中心に―」(『現代韓国朝鮮研究』第11号, 現代韓国朝鮮学会, 2011年, pp. 4-16, 所収)。

10. 木村貴「韓国1987年「民主化」の一局面―チェ・ジョンギル事件を中心に―」(『九州法学』九大法学会, 2009年, pp. 164-122, 所収)。

11. 高廣明「韓国『財閥』の成長戦略に関する研究：大宇グループ成長の実証分析」(東京経済大学博士論文, 1998年)。

12. 高廣明・境睦・長浜昭夫「韓国財閥における大宇グループの成長過程」(『桜美林大学産業研究所年報』第14号, 桜美林大学産業研究所, 1996年, pp. 17-35, 所収)。

13. 佐野孝治「韓国における経済成長と民主化―労使関係を中心に」(『商学論』64巻3号, 福島大学経済学会, 1996年, pp. 1-34, 所収)。

14. 祖父江利衛「1960年代韓国造船業の混迷―大韓造船公社の設備拡張計画を巡る一連の過程とその帰結」(『歴史と経済』第45巻1号, 政治経済学・経済史学会, 2002年 pp. 18-35, 所収)。

15. 谷浦孝雄「韓国の財閥とビジネスグループ―韓国の資本主義発展に関する一試論―」(『研究双書(435)／発展途上国のビジネスグループ』第4章，アジア経済研究所，1993年，pp. 165-187，所収)。

16. 谷光太郎「韓国大手財閥の成立，破綻とその原因―大宇，現代両グループのケーススタディ」(『東亜経済研究』第59巻4号，山口大学東亜経済学会／東亜経済研究編集委員会編，2001年，pp. 537-580，所収)。

17. 崔聖伯「株式所有構造から見た韓国の「財閥」」(『証券経済学会年報』通号第31号，証券経済学会事務局，1996年，pp. 22-34，所収)。

18. 崔聖伯「韓国「財閥」の所有・支配構造の特質(1)」(『龍谷大学経済学論集』第38巻1号，龍谷大学経済学会，1998年，pp. 21-80，所収)。

19. 崔聖伯「韓国「財閥」の所有・支配構造の特質(2)」(『龍谷大学経済学論集』龍谷大学経済学会，1998年，pp. 53-94，所収)。

20. 鄭安基「韓国『四大企業集団』の所有と組織構造」(『経済論叢別冊　調査と研究』第21号，2001年，pp. 42-64，所収)。

21. 鄭正佶著・清水敏行訳「大統領のリーダーシップ―朴正煕・全斗煥・盧泰愚政府の経済政策管理―(1)」(『札幌学院法学』第21巻第2号，札幌学院大学総合研究所，2005年，pp. 547-592，所収)。

22. 鄭正佶著・清水敏行訳「大統領のリーダーシップ―朴正煕・全斗煥・盧泰愚政府の経済政策管理―(2)」(『札幌学院法学』第21巻第1号，札幌学院大学総合研究所，2005年，pp. 309-352，所収)。

23. 百成政秀「韓国・大宇グループの解体過程―韓国の経済システム変容の一側面」(『六甲台論集』経済学編・神戸大学大学院経済学研究会，2004年，pp. 32-63，所収)。

24. 服部民夫「韓国『財閥』の株式所有について」(『社会科学』第30号，1982年，pp. 122-169，所収)。

25. 服部民夫「現代韓国企業の所有と経営―「財閥」系企業を中心として」(『アジア経済』第25巻5・6号，日本貿易振興機構アジア経済研究所研究支援部／日本貿易振興機構アジア経済研究所研究支援部編，1984年，pp. 132- 150，所収)。

26. 服部民夫・佐藤幸人「韓国における「財閥」的企業発展」(『研究双書(464)／韓国・台湾の発展メカニズム』第11章，1996年，pp. 319-345，所収)。

27. 裵錫満「1970年代初頭現代グループの造船工業参入過程の分析―韓国経済開

発機における国家と民間企業の役割に関する再検討—」(『現代韓国朝鮮研究』第7号，現代韓国朝鮮学会，2007年，pp. 24-44，所収)。

28. 深川由紀子「三星【韓国】—世界企業狙い『第二の創業』に挑戦」(『新版アジアの財閥と企業』Ⅱ-8，日本経済新聞社，1994年，p. 130-141)。

29. 深川由紀子「現代【韓国】—「韓国的経営」の体現者」(『新版　アジアの財閥と企業』Ⅱ-8，日本経済新聞社，1994年，p. 141-151)。

30. 深川由紀子「ラッキー・金星【韓国】—経営革新に総力を挙げる保守財閥(『新版　アジアの財閥と企業』Ⅱ-8，日本経済新聞社，1994年，p. 130-141)。

31. 水野順子「韓国における造船産業の急速な発展」(『アジア経済』日本貿易振興機構アジア経済研究所研究支援部／日本貿易振興機構アジア経済研究所研究支援部編1983年，pp. 56-75，所収)。

32. 梁先姫「韓国財閥の歴史的発展と構造改革」(『四天王寺国際仏教大学紀要』第45号，四天王寺国際仏教大学紀要編集委員会編，2007年，pp. 101-129，所収)。

33. 柳町功「韓国における政府—財閥関係について」(『三田商学研究』第35巻第1号，慶応義塾大学商学会，1992年，pp. 225-233，所収)。

34. 柳町功「1960年代における韓国・三星財閥の新規事業展開—肥料プロジェクトの挫折と電子事業への進出—」(『三田商学研究』第49巻第6号，慶応義塾大学商学会，2007年，pp. 147-158，所収)。

35. 楊天溢「韓国の経済発展と財閥の形成」(『アジア研究所紀要』通号第6号，亜細亜大学アジア研究所，1979年，pp. 322-261，所収)。

〔韓国語〕

1. 李英泰「造船工業 의 最近動向 과 施設擴張方向（造船工業の最近の動向と施設拡張方向)」(『調査月報』307，韓国産業銀行，1981年，pp. 1-22)。

2. キム・ボグ「헝가리의 체제전환시기까지 한국과 헝가리의 교류에 관한 연구：한국과 헝가리의 외교문서를 중심으로 한국－북한－헝가리의 관계 고찰（ハンガリーの体制転換時期まで韓国とハンガリーの交流に関する研究：韓国とハンガリーの外交文書を中心に韓国—北朝鮮—ハンガリーの関係考察)」(韓国外国語大学校国際社会教育院東ヨーロッパバルカン研究所，2015年)。

〔英　語〕

1. Cha, Dong-Se, Kwang Suk Kim and Dwight H. Perkins (eds.) (1997) The Korean Economy 1945-1995: Performmance and Vision for the 21th Century,

Korea Development Institute, Seoul.

２．Chang, Sea-jin（2003）Financial Crisis and Transformation of Korean Buiseness Groups: The rise and Fall of Chaebols, Cambridge, Cambrige University Press.

３．Emery, Robert F.（2001）Korean Economic reform: Befoere and since the 1997 crisis, Aldershot, Ashgate Publishing Limited.

４．Heitor Almeida, Sang Yong Park, Marti G. Subrahmanyam, Daniel Wolfenzon（2011）The structure and formation of business groups: Evidence from Korean chaebol, Journal of Financial Economics, Volume 99, Issue 2, Elsevier.

５．Kim, Hyung-A（2004）Koreas Dvelopment under Park Chung Hee: Repid industrialization, 1961-79 London, RoutledgeCurzon.

６．Kuznetz, Paul W.（1994）Korean Economic Development: An Interpretive Model, Westport, Praeger Publishers.

〈新　聞〉
〔日本語〕
『朝日新聞』
『中日新聞』
『日本経済新聞』
『毎日新聞』
『読売新聞』
〔韓国語〕
『경향신문（京郷新聞)』
『동아일보（東亜日報)』
『한겨레신문（ハンギョレ新聞)』
『매일경제（毎日経済)』

〈雑誌記事〉
『日経ビジネス』
１．吉村久夫「現地報告▶韓国経済 真価問われる"漢江の奇跡"―どこへ行く60

年代の高度成長」(1972年3月20日号，pp. 60-65)。

2．李雄煥「栄光と忍苦の企業家」故李秉喆・三星グループ会長」(1988年1月18日号，pp. 114-119)。

3．「アジア2時間経済圏　編集長インタビュー　金宇中氏（韓国・大宇会長）日本企業との仕事が増えますよ」(1988年7月4日号，pp. 29-31)。

4．「韓国，政権交代で変わる財閥勢力図」(1992年11月30日号，p. 29)。

5．佐藤明「韓国の能力増強でコストダウン迫られる」(1994年3月28日号，p. 40)。

6．「韓国の造船設備増強に自壊説甘い需給予測，米国の抑制圧力」(1994年5月9日号，p. 32)。

7．佐藤明「造船は赤字事業に転落韓国に対抗出来る態勢必要」(1995年7月24日号，p. 19)。

〈インターネット〉

〔日本語〕

アジア経済研究所「国家機構図・名簿・ドキュメント」，「主要統計」，「重要日誌」，「動向分析レポート」(http://www.ide.go.jp/Japanese)

〔韓国語〕

『마주경제（アジア経済)』(http://www.ajunews.com/)

『KBS　world radio』(http://world.kbs.co.kr/service/index.htm?lang=k)

『조세금융신문（租税金融新聞)』(https://www.tfmedia.co.kr/index.html)

『조선일보（朝鮮日報)』(http://www.chosun.com/)

『동아일보（東亜日報)』(http://www.donga.com/)

『연합뉴스（連合ニュース)』(http://www.yonhapnews.co.kr/)

〔ハンガリー語〕

MAGYAR NARANCS「Demján Sándor portréja-I. rész: A városalakító」(http://magyarnarancs.hu/belpol/demjan_sandor_portreja_-_i_resz_a_varosalakito-62549#，2020年10月20日最終アクセス)。

人名索引
韓国人の人名についてはハングル表記の五十音順に配列した。

事項索引

著者紹介

木 下 奈 津 紀 （きのした　なつき）

2008年　南山大学人文学部卒業
2011年　愛知淑徳大学大学院現代社会研究科博士前期課程修了
2012年　梨花女子大学校（韓国ソウル）に交換留学
2015年　朝鮮大学校（韓国光州）外国語大学日本語科外国人助
　　　　教授（2017年8月まで）
2017年　愛知淑徳大学大学院現代社会研究科博士後期課程修了
現　在　愛知淑徳大学初年次教育部門助教・博士（学術）

韓国財閥と政治　──大宇を事例として──

2021年8月30日　初版第1刷発行

著　者　木　下　奈津紀
発行者　阿　部　成　一

〒162-0041　東京都新宿区早稲田鶴巻町514
発行所　株式会社　成　文　堂
電話 03(3203)9201(代)　FAX 03(3203)9206
http://www.seibundoh.co.jp

製版・印刷　藤原印刷　　　　　製本　弘伸製本

ISBN978-4-7923-3403-1　　C3031　　　　検印省略
定価(本体3,000円＋税)